행복한 사람들의
12가지 비결

행복한 사람들의 12가지 비결

초 판 1쇄   2022년 03월 14일

지은이 김신웅
펴낸이 류종렬

펴낸곳 미다스북스
총괄실장 명상완
책임편집 이다경
책임진행 김가영 신은서 임종익 박유진

등록 2001년 3월 21일 제2001-000040호
주소 서울시 마포구 양화로 133 서교타워 711호
전화 02) 322-7802~3
팩스 02) 6007-1845
블로그 http://blog.naver.com/midasbooks
전자주소 midasbooks@hanmail.net
페이스북 https://www.facebook.com/midasbooks425
인스타그램 https://www.instagram.com/midasbooks

ISBN 978-89-6637-354-3 03190

값 **15,000원**

미다스북스는 다음세대에게 필요한 지혜와 교양을 생각합니다.

12 Secrets of
Happy People

행복한 사람들의
12가지 비결

김신웅 지음

미다스북스

"열정, 열정, 열정. 동기부여, 동기부여, 동기부여."

책을 모두 쓰고 난 뒤, 호기심을 갖고 내가 쓴 글을 절반 정도 읽어 봤다. 급하게 읽어서 그런지 몰라도 위에 적은 말이 계속 나의 귓가에 쟁쟁히 울려 퍼졌다.

그렇다. 이 책은 사람들의 마음에 불을 지른다. 그리고 행복을 향해 걷도록 끊임없이 속삭인다. 이것이 내가 가장 잘할 수 있는 일이다. 지금 삶이 우울하게 처져 있는 사람들 혹은 자신의 인생이 불행하게 여겨지는 사람들에게 이 책은 많은 도움을 줄 것이다.

이 책은 나의 청춘 이후부터 20년 동안 배우고 깨닫게 된 내용으로 채워졌다. 그것을 나의 인생 테마인 '행복'과 연결해 풀어놓은 것이다. 그렇게 행복은 언제나 내 삶의 중심 과제였고, 탐구 대상이었다.

현재 영업 일을 10년 동안 해오고 있지만, 나의 인생 전체 꿈은 동기 부여가 혹은 행복한 삶 운동가이다. 이 책이 독자에게 줄 수 있는 가장 큰 선물 또한 두 가지일 것이다. 자신의 인생이 활짝 깨어나는 기분을 느낄 수 있는 게 먼저이고, 스스로 삶의 행복을 찾을 수 있는 게 다음이다.

난 재밌는 사람은 아니다. 그런데 재미란 꼭 유머만이 아닐 것이다. 자신을 느끼며 공감이 될 때 우린 재미를 느끼기도 한다. 나는 다소 강박적으로 글을 쓰기도 해서, 책 내용이 조금 단조로울 수 있겠지만, 독자들이 그저 재밌게 읽어줬으면 하는 바람이 있다. 그리고 몇 가지 챕터가 마음에 확연히 남았으면 좋겠다.

2022년 3월
김신웅

CONTENTS

서문   ··· *4*

1
일에 몰입하는 법

1 2/3의 시간을 보내는 곳   ··· *14*
2 우리가 일하는 방식   ··· *18*
3 자신과 잘 맞는 일 찾기   ··· *22*
4 회사 내의 인간관계   ··· *26*
5 자신이 하고 싶은 일   ··· *30*

2
천직을 찾아가는 법

1 천복과 일에 대한 헌신   ··· *38*
2 자기 마음을 내려놓기   ··· *42*
3 나를 찾아 다 쓰고 가자   ··· *46*
4 직접 그 일을 해보는 것   ··· *50*
5 인생이라는 비밀 풀기   ··· *54*

3
창의성을 높이는 법

1 21세기 인재의 제1 조건   ··· *62*
2 경쟁적 환경 조성하기   ··· *66*
3 네 멋대로 하라   ··· *70*
4 개별성과 화이부동   ··· *74*
5 창의성 계발 3가지 비법   ··· *78*

4
강점에 집중하는 법

1 끊임없이 질문 던지기 ··· 86
2 현장에서 박박 기기 ··· 90
3 자기답게 살아가기 ··· 94
4 자기 왕국을 건설하기 ··· 98
5 취미를 직업화하기 ··· 102

5
젊게 살아가는 법

1 젊다는 건 무얼까? ··· 110
2 불행을 찾기 위해서 ··· 114
3 창조적 괴짜 되기 ··· 118
4 우연을 받아들이기 ··· 122
5 '예'라고 답하기 ··· 126

6
나를 발견하는 법

1 진짜 나는 누구인가? ··· 134
2 나를 둘러싼 사람들 ··· 138
3 훌륭한 스승의 안내 ··· 142
4 상담가와 코치 만나기 ··· 146
5 니체의 나를 떠나라 ··· 150

7
불행을 이겨내는 법

1 뜻대로 안 되는 것 … 158
2 곤란 없기를 바라지 말라 … 162
3 이유 없는 일은 없다 … 166
4 아래에 견주면 남는다 … 170
5 행복과 불행은 동일하다 … 174

8
마음을 다스리는 법

1 마음의 여유 갖기 … 182
2 증오와 분노의 이유 … 186
3 아직도 가야 할 길 … 190
4 영감을 주는 스승 … 194
5 좋아하는 책들 … 198

9
독서를 잘하는 법

1 변화경영사상가 구본형 … 206
2 너는 네 춤을 춰라 … 210
3 현실과의 접점 찾기 … 214
4 책을 읽는 이유 … 218
5 글쓰기의 유익함 … 222

10
스승을 만나는 법

1 스승을 만날 뻔했다   ··· 230
2 책을 본다는 것   ··· 234
3 위대한 우연과 운   ··· 238
4 제자로 준비되어 있기   ··· 242
5 마음이 열려 있어야   ··· 246

11
인생에서 성공하는 법

1 업을 만들며 살아간다   ··· 254
2 자기 그릇을 이해하기   ··· 258
3 길 위에서 죽는 여행자   ··· 262
4 사람에게서 구하자   ··· 266
5 세상과 소통되는 것   ··· 270

12
행복하게 살아가는 법

1 마음에서 욕심 덜어내기   ··· 278
2 환경의 영향 덜 받기   ··· 282
3 제때 그것을 하며 살기   ··· 286
4 분노와 화해 그리고 용서   ··· 290
5 지나침은 모자람만 못하다   ··· 294

후기   ··· 300

12 Secrets of
Happy People

1

일에
몰입하는 법

우리 밥벌이에 지지 말자.

살고 싶은 대로 사는 것을 두려워 말자.

1

2/3의 시간을 보내는 곳

 나는 수많은 학자와 경영자 등을 만났지만 조라 불리는 이 남자가 가장 기억에 남는다. 그 이유는 공장에서 일하는 사람들 대부분이 일하는 시간을 지루해하고, 일하기 싫어했는데 반해 조는 달랐기 때문이다. 또 근무 시간이 끝나면 다수의 사람은 술집에 가거나 차를 몰고 드라이브를 즐겼다. 그런데 조는 달랐다. 조는 자신이 하는 공장 일에 호기심을 보였고, 근무 시간이 끝났는데도 어떻게 하면 일을 더 잘할 수 있을까라는 탐구를 했다. 이것은 보통 공장 노동자들이 보이는 행동과 반대되는 모습이었다.

– 미하이 칙센트미하이, 『몰입의 즐거움』

일은 우리 삶에 중요하다. 우리가 하루 깨어 있는 2/3의 시간을 보내는 곳이 일터다. 이게 현대의 사람들에게는 전형화되어 있다. 따라서 회사에서 일하는 시간이 즐겁다면, 우리는 최소 하루의 절반 이상을 행복하게 보낼 수 있다.

인류의 역사는 일과의 전투와도 같다. 심지어 서양에서는 일의 어원이 '고통'이란 단어에서 왔다고 할 정도다. 그리고 산업화 시대가 진행되면서 사람들은 일하는 데 더 많은 시간을 쏟아야 했다. 그때 일은 고된 노역이었다. 나치의 아우슈비츠 감옥의 입구에는 '노동이 그대를 자유롭게 하리라.'라는 문구가 쓰여 있었다고 한다.

하지만 일을 바라보는 다른 시각도 있다. 16세기에 토마스 모어가 쓴 『유토피아』를 보면, 그곳에서는 하루에 4시간만 일해도 충분히 살 수 있었다. 나머지 시간에는 자신이 좋아하는 여가를 보낸다. 악기를 연주하고, 춤을 추며, 글을 써도 좋았다. 이것은 말 그대로 '이상적인 사회'에서나 가능한 일일 수 있다.

또한, 『월든』이란 책으로 유명한 헨리데이비드 소로의 체험에 따르면, 인간은 최소한의 일하는 시간을 갖고도 살아갈 수 있다 했다. 그는 실제로 월든 숲에 들어가 2년 동안 그런 생활을 했다. 거기서 그는 하루 2시간의 노동을 하면, 나머지 시간은 자신이 좋아하는 여가에 쏟을 시간을 가질 수 있다고 했다.

이름이 조금은 우스운 미하이 칙센트미하이라는 교수가 쓴 『몰입의 즐거움』이란 책에 보면 우리가 하루의 시간을 보내는 방식은 직장에서 일하는 시간과 생활하고 여유 있는 시간 그리고 잠자는 시간, 3가지로 나눠 있다. 여기서 우리가 의식적으로 투자할 수 있는 시간은 직장 생활을 빼면, 생활에 쓰는 시간과 여가가 전부다.

위 책에서는 우리의 대다수가 수동적 여가에 빠져 있다고 말한다. 즉 TV 보기와 잠자기 그리고 수다 떨기 등으로 보낸다. 그러나 자기 인생을 보다 책임감 있게 살아가는 사람들은 능동적 여가에 시간을 쏟는다. 책 읽기와 호기심 가는 분야 탐구하기 혹은 꾸준한 취미 생활하기 등이다.

이 시간을 빼면 우리가 하루 대부분을 보내는 곳이 직장이다. 그런데 현대인들에게 회사는 즐거운 곳이 못 된다. 자기가 하는 일을 좋아하지도 않고, 맡은 일을 즐기지도 못한다. 이래서는 불성실한 직업인이 될 수밖에 없다. 일한다는 것은 어떤 의미에서는 자기를 만들어가는 시간이다. 불성실하다는 것은 결국 불량품을 생산하고 있다는 것과 다르지 않다.

세계적으로 일하기 좋은 회사들은 직장을 최상의 복지 체계로 꾸미고 있다. 회사 내에 수면 공간이 있고, 마사지 서비스와 건강 증진 시설이 있으며, 훌륭한 요리사를 고용해 직원들에게 최고의 음식을 제공하기도 한다. 이처럼 기업이 직원에게 최고의 대접을 하는 이유는 "행복한 젖소가 많은 우유를 생산한다."라는 말을 믿기 때문이다. 이런 조직들은 실제로 뛰어난 성과를 만들고 있다.

어느 시인의 말마따나 "일하라, 돈이 필요하지 않은 것처럼." 우리는 이런 자세로 일하면 좋다. 일은 어른들이 만들어낸 놀이이다. 일할 때 놀고 있는 사람들은 사실 놀이를 하는 것이다. 우리는 직장에 매일 모여 놀이를 한다. 그러므로 훌륭한 일꾼은 일하며 웃고 있는 사람들이다. 마찬가지로 훌륭한 기업은 웃고 있는 직원으로 이뤄져 있다.

그러므로 우리는 자신이 좋아하는 일을 찾아야 하루 중 깨어 있는 시간의 대부분을 즐길 수 있다. 직장에서 보내는 2/3의 시간이 만족스럽다면, 행복한 하루를 넘어 인생 전체가 보람찬 순간으로 기억될 것이다. 우리의 노력 여하에 따라 일은 즐겁게도 다가오고, 고되게도 느껴진다. 우리가 하는 일을 좀 더 사랑해보자. 그리하면 인생의 많은 시간의 행복이 보장된다.

2

우리가 일하는 방식

아인슈타인은 교향악단에서 연주할 수 있는 수준으로 바이올린을 잘 켤 수 있는 능력을 얻을 수만 있다면 노벨상을 포함하여 자신이 가진 모든 것을 내놓아도 좋다고 말했다. 그러나 진정 그에게는 완벽한 현악기 연주가가 되기 위한 필수 조건인 양팔과 양손을 조화롭게 움직이는 재능이 없었다. 그는 연주하기를 좋아했다. 그는 하루에 4시간씩 연습했고 또 그것을 즐겼다. 그러나 바이올린 연주는 그의 강점이 아니었다. 그는 언제나 수학 문제 푸는 것을 싫어한다고 말했다. 그렇지만 그는 오직 수학에서만 천재였다.

– 피터 드러커, 『프로페셔널의 조건』

일에도 맥락을 잡는 법이 있다. 우선은 일터에 나가기 전에 우리가 일하는 방식은 결정된다고 한다. 피터 드러커의 책에 보면 자세히 나와 있는데, 우리는 이미 형성되어 있는 스타일을 찾으려고 해야지, 그것을 바꾸거나 남들이 하는 대로 일하면 안 된다. 이것은 비성과를 보증하는 길이다.

그러니까 자신이 잘하는 방식을 찾아야 하고, 그것을 일관되게 밀어붙이는 것이 중요하다. 왜냐하면, 지금 시대는 지식 사회인데 지식 근로자는 스스로 자신을 가르칠 때 가장 잘 배울 수 있다. 지금은 선배나 동료가 일하는 방식을 참고하고 배워서 일하는 시대가 아니다.

이렇게 일하기 위해서는 피드백 방식을 적용하면 좋다. 우리가 어떤 일을 하고 1년 후에 그 일을 어떻게 했는지 되돌아보는 것이다. 이 방법이 유익한 이유는 자신이 어떤 일에 소질이 있는지 잘 발견할 수 있고, 더 나아가 자신에게 재능이 없는 분야 또한 잘 알 수 있어서다.

직장에서 일할 때 우리는 공헌해야 할 목표가 무엇인지 알 필요가 있다. 그러면 우리가 어디에 시간을 많이 쏟아야 할지를 판단할 수 있다. 그렇게 되면 우리는 시간을 낭비하지 않게 된다. 이러한 방법으로 보통의 지식 근로자는 자신의 성취를 많이 이룰 수 있다.

물론 이러한 질문은 우리가 학생일 때 던져야 할 사항은 아니다. 마찬가지로 직장인이 막 되었을 때 해야 할 질문 또한 아니다. 자신의 현장을 갖고 그 속에서 박박 기며 일하면서 위와 같은 질문을 할 때 우리에게 무척 도움이 된다. 왜냐하면, 자기 일의 의미와 가치에 관한 물음이 되기 때문이다.

또한, 인간은 소수의 영역에서만 훌륭함을 나타낼 수 있다. 따라서 전인적인 인간을 말하는 것은 직장 세계에서 좋지 않다. 커다란 장점을 지닌 사람은 역시 큰 단점을 가지고 있을 수밖에 없다. 그래서 우리는 그가 "어떤 분야에서 나무랄 데가 없는가?"라는 질문을 할 수 있을 뿐이다.

훌륭한 직장인은 다음과 같은 질문을 던진다. "나는 어떤 사람으로 기억되기를 바라는가?" 이 물음을 스스로 던진다는 것은 자기 일을 새로운 시각에서 바라보게 해준다. 피터 드러커의 책에 보면 어떤 치과 의사는 이렇게 대답했다.

"나는 내가 치료한 환자들이 죽어서 병원 안치대 위에 누웠을 때 사람들로부터 '이 사람은 정말 최고의 치과 의사에게 치료를 받았군'이라는 말을 들을 수 있기를 바랍니다." 나 또한 마찬가지이고, 우리는 자기 일에서 최상의 결과를 얻어내길 바란다. 대가란 결국 자기가 맡은 일을 사랑하는 사람이다.

어떤 사람은 10년을 일해도, 1년 일한 사람이 배울 수 있는 정도밖에 일하는 요령을 익히지 못한다. 그 일과 혼연일체가 되지 못했기 때문이다. 보통 3년 일하면 그 일의 전체를 파악한다. 5년 일하면 주위에서 잘한다는 소리를 듣고, 10년 동안 일하면 자신의 브랜드가 생긴다. 그리고 20년 이상 일하면 대가가 되고, 그 일로써 사회의 자랑이 된다고 한다.

따라서 그 일의 문리를 터득하려면 우리는 3년 정도 일과 깊게 만나야 한다. 이 시간은 직장에서 한 분야를 익히기에 적절하다. 그리고 5년이면 자신이 관심을 두는 종류의 분야를 직장에서 맛볼 수 있다. 그 후 10년을 하나의 일에 몰입하면 사람들에게 알려지는 법이다. 낭중지추(囊中之錐)라는 사자성어는 이때 어울리는 말이다. 만약 어떤 사람이 그 분야에서 20년 종사한다면, 그 일의 달인이 되어 황홀한 인생을 살아가게 된다.

3

자신과 잘 맞는 일 찾기

　자신에게 맞는 일을 하는 것은 사치가 아니다. 모든 직업이 동일하지 않고, 거의 언제나 다른 선택 혹은 다른 길이 존재한다. 직업에 만족하기 위해서는 먼저 자신이 무엇을 선호하는지 알아야 하고 그 선호에 맞는 직업을 찾아야 한다. 어떤 직업은 안정적이고, 어떤 직업은 위험하고 도전적이다. 또 어떤 일은 체계적인데, 그렇지 않은 일도 있다. 어떤 일은 사교성을 요구하는데, 다른 일은 차분하게 집중할 것을 요구하기도 한다. 당신은 어떤 종류의 직업이 자신에게 가장 잘 맞는지 정확히 알고 있는가? 이에 관해서 한 번쯤 생각해본 적이 있는가?

- 폴 티저, 『나에게 꼭 맞는 직업을 찾는 책』

자신의 개성을 파악하는 것은 중요하다. 세상에 일의 종류는 어마하게 많다. 그런데 따지고 보면, 단순하게 나눠 있어 그리 많아 보이지 않는다. 자신과 잘 맞는 일을 찾는 게 중요하다. 이것이 우리가 일에 열정을 쏟아붓는 방법이 될 수 있다.

누구는 세상을 긍정하는 것에 익숙하고, 또 어떤 사람은 비판 기능이 발달해 있을 수 있다. 이렇게 자신이 원래 타고난 대로의 성격을 파악할 필요가 있는 것이다. 사람은 오직 강점을 바탕으로 좋은 성과를 낼 수 있다.

예를 들면, 자신이 축구 선수라고 하면 달리는 스피드가 빠르고 민첩하다면 공격수에 적합할 것이고, 신체가 건장하고 대면 방어에 능하다면 수비수에 어울릴 것이다. 그리고 공수 연결에 능하고, 축구장 전체를 파악하는 능력이 뛰어나면 미드필더 포지션이 적당하다. 이렇게 자신의 스타일에 따라 향후 자신을 어떻게 성장시켜가야 할지 그 방향을 정할 수 있다.

따라서 자신의 성격과 개성을 파악하면 우리는 자신에게 적합한 일자리를 더욱 잘 찾을 수 있다. 그러므로 이것이 일에 몰입하는 데 가장 중요한 요소라고 말할 수 있다. 『당신의 파라슈트는 어떤 색깔입니까?』라는 책에 보면 이것과 관련해서 잘 나와 있다.

첫째는 자신의 소질을 팔 수 있는 것에 관해 알아내고 준비하기다. 그런데 사람들은 이것을 잘 알고 있지 못하다. 그래서 자기를 '어느 것에도 소질이 없는 사람'이라고 대부분 생각한다. 둘째는 자신의 소질이 팔릴 수 있는 곳을 결정하기다. 스스로 좋아하는 주제나 흥미를 보이는 분야를 찾는 것이다. 그러니까 현장에서 활용될 수 있는 직업이 어디인지 정보를 구하고 연구하는 것이다.

또한, 『사람의 성격을 읽는 법』으로 유명한 폴 티저의 책을 보면 사람은 원래 다양하게 태어난다고 한다. 내가 존경했던 구본형 선생님이 이 책의 서평을 다음과 같이 써두셨다. "이 책을 한 번 읽으면 내가 어떤 사람인지, 왜 다른 사람을 이해할 수 없었는지 알게 된다. 두 번 읽으면 나와 상대방의 차이를 이해하여 관대해질 수 있다."

이처럼 이 책은 자신의 개성을 비롯해, 타인의 성격 또한 이해하기에 좋다. 자기의 기질과 특성을 알게 된다는 것은, 직업 세계에서 자신과 잘 어울리는 일을 찾아가는 데 아주 중요하다. 보통 자신이 빠르게 습득하는 분야 혹은 만족도가 높은 일이 그 사람에게 적절하다. 이러한 일을 찾기 위해서도 우리는 자기 내면세계를 깊이 탐색해볼 필요가 있다.

그리고 위 책은 MBTI를 활용해서 사람의 성격을 관찰하고 이해하는 책이다. 사실 요즘 유명한 MBTI는 분석심리학자 칼 융이 연구한

성격의 8가지 유형에서 응용되어 만들어졌다. 칼 융은 사람을 내향과 외향으로 구분했고, 이를 다시 4가지로 분류해 원칙을 지키는 사고형과 관계에 중심을 두는 감정형 그리고 현실에 관심을 두는 감각형과 미래에 초점을 두는 직관형으로 이름 붙였다.

내향형은 혼자 일할 때 에너지를 얻는다. 팀에 속해서는 성과를 얻기가 힘들다. 그리고 다른 사람과 커뮤니케이션 하는 것을 어려워한다. 반대로 외향형은 사람들과 함께 일할 때 에너지가 솟는다. 팀에서 다른 사람들과 소통하며 일하는 방식을 선호한다.

감각형은 나무를 보는 사람이고, 현실을 중요시해서 실용주의자의 면모를 보인다. 그리고 맡은 실무를 안정적으로 잘 처리한다. 반대로 직관형은 숲을 전체적으로 먼저 생각하는 사람이고, 미래의 가능성을 여는 것에 재능을 보인다. 또한, 창의적인 일을 하기 좋아해서 반복되는 일을 지루해한다.

4

회사 내의 인간관계

　일을 시키는 사람은 마음속으로 더 시키고 싶어 하고, 일을 하는 사람은 마음속으로 이제 그만하고 싶어 한다. 일을 시키는 사람은 품삯보다 더 해주기를 바라고, 일을 하는 사람은 품삯이 일보다 넉넉하기를 바란다. 나는 이것이 수직적 구도 속에서 평범한 사람이 가지는 자연스러운 내면 풍경이라 생각한다. "위와 아래는 하루에 백 번을 싸운다."는 말은 중국의 역사를 통해 가장 이상적인 시대를 이끈 삼황오제의 한 사람인 황제가 한 말로 전해진다.

－ 구본형, 『구본형의 더 보스, 쿨한 동행』

다음으로 사람과의 관계가 좋을 것이 요구된다. 현대에 들어 워라밸이라던가, 삶의 질을 높이는 방향으로 직장을 선택하는 사람들이 늘어나고 있다. 최저임금이 오르고 일의 형태도 다양해지면서 사람들은 자신의 욕구에 기반해 일을 선택할 수 있게 되었다.

더구나 한국처럼 고 맥락 관계 문화의 사회에서는 회사 내 인간관계는 아주 중요하다. 그래서 요즘에는 다른 사항보다 함께 일하는 사람들이 좋은 회사가 사람들이 일하기 원하는 직장이 되어간다. 이것은 세계적인 추세이기도 하다.

한국 사람들은 관계가 원만해야 일에 몰입할 수 있고, 좋은 성과를 낸다. 그런데 아직도 한국은 후진국형 기업 구조에 속하고 있어, 사람에 관해 시간을 쏟아 생산성과 효율성을 높이는 것을 추구하기보다는, 사람을 일하는 구조 속의 기계로 인식하는 경향이 짙다. 그래서 한국의 많은 직장인은 회사에서 행복하지 않다고 투덜댄다.

한국 직장인의 멘토셨던 구본형 선생님은 『구본형의 더 보스, 쿨한 동행』이란 책의 서문에서 "무두일이라는 말이 있다. 머리가 없는 날이라는 뜻이다. 윗사람, 즉 상사가 출장이나 휴가로 자리를 비운 날이다. 개점휴업이라도 한 듯 오늘은 여유로운 작은 행복감에 마음까지 넉넉하고 행복해진다."라고 말했다.

그만큼 직장인들에게 상사는 조심스럽고 머리 무거운 존재다. 오히려 그 이유는 당연하다. 왜냐하면, 회사는 조직이고 그런 점에서 상사는 회사의 이익을 대변하는 대리인이기 때문이다. 또한, 이런 말도 있다. '회사는 고를 수 있지만 상사는 고를 수 없다.' 이 말도 분명한 내용이다. 상사는 그만큼 우연적 요소이고, 회사에서 하루의 안녕에 큰 영향을 주는 존재다.

상사와 관련해서 가장 생각나는 이야기는 이것이다. 이순신 장군이 일본과 해전을 치르는데 우리는 작은 나라여서 명나라의 도움이 필요했다. 그때 명나라에서 온 도독이 진린이란 인물인데, 거칠고 오만했다 한다. 그러나 이순신은 영리했고, 그는 이순신에게 매료되었고, 지휘권 역시 대부분 이순신에게 양보했다. 그 이유를 보자.

"이순신은 전리품과 적의 수급 등을 진린에게 양보함으로써 그의 명분과 공로를 위해주는 일에 인색하지 않았다. 그리고 이순신에게 중요한 것은 적을 격파하고 나라를 구하는 것이다. 그러나 진린에게 중요한 것은 명분과 공로였다. 이순신은 원군으로 온 진린이 무엇을 원하는지 알고 있었다. 그는 진린에게 명분과 공을 돌림으로써 명의 수군이 조선수군의 충실한 지원군으로 남게 만들었다."

이것이 상향 리더십의 표본이 되는 내용이다. 상사와 공을 다투지 말자. 후배인 우리는 일할 수 있는 기회를 얻으면 된다. 오히려 공은 상사에게 돌림으로써 믿을 만한 후배로 기억될 것이다. 우리에게 정말 필요한 것은 열심히 일하는 것이고, 또 나중에 필요한 적시의 일이 있을 때 상사가 우리를 다시 쓸 수 있는 인재로 삼는 것이다.

역으로 상사 또한 후배로 인해 빛날 수 있다. 그러므로 좋은 상사라면 후배들이 일에 깊이 몰입할 수 있게 도와주면 좋다. 앞서 말한 대로 상사는 직장인들에게 많은 영향을 끼치고, 그들의 하루 안녕에 절대적인 존재다. 힘은 적절한 데에 알맞게 쓰일 때 존중받는다. 훌륭한 리더라면 겸손하고 섬기는 자세로 팀원을 대하면 좋다. 그리고 팀원들과 직장인 또한, 믿고 오래갈 만한 상사라 여겨지면, 기꺼이 상사를 보필하고 그들과 함께 인생을 기획해도 좋을 것이다.

5

자신이 하고 싶은 일

그것이 정말 자신이 원하는 것이기 때문에 원하고 있는 것인지, 아니면 그것이 사회적으로 그럴듯해 보이기 때문에 자신이 원하는 것이라고 생각하게 되었는지 곰곰이 생각하라. 마음이 이끄는 대로 조용히 놓아두자. 어떤 사회적 선악과 가치의 여과 없이 자신의 마음이 바라는 것을 직시하자. 그리고 물어보자. 평생 그 일만 하며 살았을 때, 그리하여 그 일을 아주 잘하게 되었을 때, 자신의 인생이 좋았다고 말할 수 있을까? 만일 그렇다고 믿을 수 있다면, 그것이 바로 지금 당신이 원하는 일이다.

– 구본형, 『그대, 스스로를 고용하라』

마지막은 자신이 하고 싶은 일을 해야 한다는 것이다. 현재 한국의 직장인은 다수가 풀이 죽어 있다. 자신이 하는 일이 별로 재밌지도 않고, 보람도 찾기 어렵기 때문이다. 그리고 사람들은 자신이 좋아하는 일을 하는 사람들을 특이하게 바라본다. 그것은 마치 불가능한 일이라도 되는 것처럼 생각하기 일쑤다.

그런데 신기하게도 자기 일에 몰입하는 사람들의 대다수는 자기가 하고 싶은 일을 한 사람들이다. 세상이란 게 이렇게 역설적으로 되어 있다. 나도 현재 즐기는 일을 못 하고 있지만, 앞으로는 내가 좋아하는 일에 시간을 왕창 쏟을 작정이다. 지금 하는 일도 내 나름대로 정의 내려서 보람을 찾고 있지만, 하고 싶은 일을 할 때보다는 즐거움이 덜하다.

변화경영전문가에서 사상가로 거듭난 구본형 선생님은 사람들에게 자신이 하고 싶은 일을 하도록 동기부여 하는 메시지를 많이 불어넣었다. 왜 우리는 아침에 일어나서 자기가 좋아하는 일로 하루를 열 수 없을까? 그리고 왜 스스로 이 질문을 던지지 못할까?

그분의 책『그대, 스스로를 고용하라』에 보면 이런 내용이 나온다. "세상이 시들해 보이는 이유는, 세상이 시들해서 그런 것이 아니다. 자기의 일과 삶에 관한 관심과 열정을 잃었기 때문이다. 세상은 늘 거기에 그렇게 눈부시게 서 있다."

이 책은 좋은 이야기로 가득하다. 나 또한 삶의 실패를 맛볼 때 너무 쓰려서 이 책을 읽지 않을 수 없었다. 먼저 자기가 아닌 모든 것을 버리는 것으로 시작하라고 외친다. 그리고 현재의 자기가 뜨겁지 못한 이유를 묻는다. "연탄재 함부로 발로 차지 마라. 너는 누구에게 한 번이라도 뜨거운 사람이었느냐?"라고 안도현 시인 또한 썼다.

'당신의 피와 골수에 흐르는 그것만이 그대의 것이다.'라고 말하며 자기에게 가장 잘 어울리는 일과 가장 자신이 잘할 수 있는 일을 하며 살 것을 구본형 선생님은 우리에게 주문한다. 변화할 때는 작은 성취가 중요하다. 작은 길목에서의 승리가 없으면 우리는 긴 시간을 어려움 속에서 견디기 어려워하기 때문이다.

길을 떠날 때는 무릇 사무치는 바가 있어야 한다. 좋아하는 것을 선택했으면서도 길을 가다가 되돌아오는 사람들이 있다. 이런 자들은 남은 사람들에 대한 죄 없는 모욕을 느끼게 한다. 그러므로 우리는 시작할 때 모진 마음으로 잘 떠나야 한다. 그리고 시작했으면 몸도 마음도 영혼도 시간도 모두, 그것에 걸어야 한다.

자기가 하고 싶은 일을 오래 하다 보면, 그 일을 표현하는 자기만의 언어를 얻게 된다. 우리가 무언가를 명확히 설명할 수 있다면 그 일을 잘 알고 있기 때문이다. 이런 사람은 비전문가라도 알아들을 수 있도록 간단명료하게 말할 수 있고, 평범한 일상의 용어를 사용하게 된다.

이것이 진정으로 전문가를 나타내는 점이다.

일과 깊이 만나기 위해서는 다시 한번 말하지만, 자신이 하고 싶은 일을 해야 한다. 발레리나로 유명했던 강수진 국립발레단 단장은 젊어서 하루 10시간 이상씩을 연습했다고 한다. 사람들이 놀라서 어떻게 그러할 수 있느냐고 묻자, 그녀는 "나는 춤추는 것을 좋아한다."라고 대답했다. 그렇다. 여기에 직장인들이 찾아야 할 비밀이 담겨 있다. 가슴 뛰는 일을 하자. 우리의 하루가 빛날 것이다.

우리가 행복을 꽉 잡을 수 있는 비결의 첫째로 일에 관해 알아보았다. 사람은 자신의 가슴을 뛰게 하는 일을 할 때 눈빛이 살아나고, 행복한 것 같다. 또한, 그럴 때 우리는 고객을 열광시키고 만족하게 만든다. 고객이 있는 1인 기업가는 곧 자신의 브랜드를 갖게 된 것이다.

12 Secrets of
Happy People

2

천직을
찾아가는 법

우리에게 일은 고되고, 벅차다.

하고 싶은 일이 되면 천직을 찾은 것이다.

1

천복과 일에 대한 헌신

　나는 학생들에게 늘, 너희 육신과 영혼이 가자는 대로 가거라, 이런 소리를 합니다. 일단 이런 느낌이 생기면 이 느낌에 머무는 겁니다. 그러면 어느 누구도 우리 삶을 방해하지 못합니다. 우리는 늘 이와 비슷한 것, 천복에 들어온 것과 같은 조그만 직관을 경험하고 있어요. 그걸 잡는 겁니다. 그걸 잡으면 무엇이 어떻게 될지는 아는 사람도 없고 가르쳐줄 사람도 없습니다. 우리 자신의 마음 바닥으로 그걸 인식할 도리밖에는 없어요. "천복을 좇되 두려워하지 말라, 당신이 어디로 가는지 모르고 있어도 문은 열릴 것이다."

― 조셉 캠벨, 『신화의 힘』

천직 하면 가장 먼저 떠오르는 인물이 조셉 캠벨이란 신화학자다. 이분은 말년에 『신화의 힘』이라는 대중에게 해설해주는 신화 이야기를 써서 유명한데, 그 책에 보면 대략 이런 내용이 나온다. "당신의 천복을 좇아라. 무슨 일이 있어도 두려워 말고 그 길을 가라." 그러면 모든 장애물은 극복되고, 주변에 도와주는 사람이 나타날 것이며, 밤에 수놓인 별빛이 가득한 길을 걷게 될 것이다.

그러니까 좋아하는 일이 생기면, 용기를 내서 그 길을 걸어갈 것을 이야기하는 것이다. 우리가 천직을 찾을 때도 남들의 시선이나 세상의 잣대로 그 일을 해석하는 우를 범하기 쉬운데, 그래서는 천복을 찾을 수 없다. 우리는 두려움에도 불구하고 사자의 입속으로 머리를 처넣을 수 있어야 한다.

조셉 캠벨도 젊어서 그런 모험을 했다. 유럽에서 공부하고 돌아온 그는 박사 논문만 쓰면 되었다. 그런데 그는 예전 전공으로 논문을 쓰기가 그렇게 싫다 했다. 그러면서 대학 측에 "그게 뭐 그렇게 중요하오?"라는 답변을 남겨놓고, 우드스탁 숲으로 들어가 책과 함께 5년을 지낸다. 마침 그때가 대공황인 시기라 그는 취업도 되지 않으니 그곳에서 책만 보며 산다. 그 후 시간이 흐르고 그는 중산층 여학생들이 많이 다니는 사라로렌스 대학의 교수가 되어 사회로 귀환한다.

다음은 『두 번째 산』으로 유명한 데이비드 브룩스의 책이 생각난다.

우리가 두 번째 삶의 과제를 받아들이면 직업이 아니라 천직이 되고, 일하는 것이 아닌 헌신하는 삶이 될 수 있다. 이 차이는 크다. 간단한 예를 들어보자.

미용사라는 직업은 사람들의 머리를 다듬어주는 일을 한다. 그런데 그 일을 천직으로 받아들이는 사람은 그것을 뛰어넘어, 주변의 노숙자를 위해 머리를 깎아주기도 하고, 이웃의 소외된 자들을 향해 그들의 자존감을 높이는 방법으로 미용을 활용한다.

이 부분을 읽으며 나는 매우 밝아졌다. 앞으로 내가 어떤 마음가짐을 갖고, 인생을 살아가야 할지 매우 분명한 계시를 받은 것 같았기 때문이다. 나는 일을 그냥 일로써 받아들이고 싶지 않다. 난 내 소명을 다하기 위해 일하며 살고 싶다. 그게 내게는 천직이 되기도 한다. 나도 그 미용사처럼 살아가고 싶다.

천직은 쉽게 찾아지지 않는다. 많은 사람이 천직에 도달하는 방법도 오랜 시간 방황을 거쳐 헤맨 끝에 거기에 도착한다. 변화경영사상가 구본형 선생님도 대학 때의 꿈은 역사학 교수가 되는 것이었다. 그분의 젊어서 혁명사에 관심이 많다 했다. 그런데 우여곡절을 겪고 20년 동안 회사원으로 살아가게 된다.

그런데 이분은 그나마 다행인 것이 영업이 각광받는 회사에서 근무

했는데, 당시에 인기가 없던 변화혁신 부서에서 16년 동안 일하게 되었다. 여기서 직장인으로서 경력을 쌓으며 많은 공부와 연구를 한 끝에 기회를 만나 IBM 아시아 컨설턴트로 뽑혀 많은 경험을 쌓는다. 그후 뼈저린 통감 끝에 『익숙한 것과의 결별』이란 첫 책을 써내고 유명해지셨다.

이분처럼 많은 사람들이 현직에서 오랜 연구와 경험 끝에 천직을 발견하는 기쁨을 맛본다. 처음에는 그저 시시한 일로 자신의 직업을 받아들이지만, 그들은 결국 자기의 일에서 자신만의 일 처리법을 터득한다. 그렇게 그들은 인생의 고수이자 달인이 되어간다. 삶에 정통해지는 것이다. 이들이 바로 천직을 발견한 사람들인 것이다.

2

자기 마음을 내려놓기

    그 사람의 천성에 알맞은 직업을 천직(天職)이라고 한다. 인간사회의 균형과 조화를 위해 저마다 몫몫이 필요한 일이 주어져 있을 것 같다. 천직을 가진 사람은 꽃처럼 날마다 새롭게 피어날 것이다. 그리고 그가 하는 일을 통해 '인간'이 날로 성숙되어가고 그 일에 통달한 달인이 되어간다. 천직이 따로 있는 게 아니라, 자신이 하는 일에 애착과 긍지를 지니고 전심전력을 기울여 꾸준히 지속하게 되면 그 일이 바로 천직이 아니겠는가.

        — 법정 스님, 『새들이 떠나간 숲은 적막하다』

내가 요즘 생각하게 된 천직을 찾는 방법은 그냥 마음을 내려놓는 것이다. 이게 무슨 말이냐 하면, 자신의 꿈을 이루기 위해 억지로 끼워 맞추기보다는 순리대로 정해진 길을 걷는 걸 의미한다. 꿈을 갖는 것은 좋다. 그러나 이루는 방법은 하늘에 맡기는 것이고, 우리는 다만 자신이 할 수 있는 걸 하면 된다는 말이다.

이 방법의 좋은 점은 우선 마음에 여유가 생긴다. 마음의 여유, 이것은 생각보다 삶에서 중요한 사항이다. 우리가 행복하지 못하고, 항상 쫓기듯 살아가는 이유도 이런 마음을 잃어버렸기 때문일 것이다. 그리고 더욱 자연스럽게 살아갈 수 있다.

철학자 최진석 선생님의 『인간이 그리는 무늬』란 책에 보면 노자를 멋지게 풀이해놓은 내용이 나온다. 그것을 그분은 자신의 해석으로 이렇게 내어놓았다. "멋대로 하라. 그러면 안 되는 일이 없다." 그리고 "자신을 천하만큼 아끼는 자에게 천하를 맡긴다."

한국의 학생들은 "나라를 위해 이 분야를 공부하겠습니다."라는 듯한 말을 곧잘 한다. 여기서 자신은 없고 대의명분을 그 앞에 세운다는 것이다. 이것은 나로서 살고 있지 못한 모습이다. 반면 서양의 학자들은 다른 대답을 한다. 당신은 왜 그 분야를 선택해 공부했습니까? 라고 물으면 대부분 "I like it."이라고 짧게 대답한다. 내가 좋아서 한다는 것이다.

이 태도의 차이는 큰 결과를 나타낸다. 그들은 자기가 하는 공부를 즐기기에 창의적인 업적을 많이 쏟아낸다. 창의적이 되는 데 가장 좋은 방법은 그것을 좋아하고 즐기는 자세에 있다. 반면 한국의 학자들은 무엇을 해야 한다는 강박에 빠져 있기에, 오히려 지나치게 외부의 걸 습득하고 해석하는 일에 빠진다.

"자연스러운 마음이 사라지니 예의가 생기고, 예의가 사라지니 합리적인 사고가 생겼다."라고 변화경영사상가 구본형 선생님은 말씀하고 있다. 그러니까 여기서 우리는 자연스러운 마음을 최상으로 여길 수 있어야 한다. 이것보다 더 인간적인 마음은 없다.

위의 인용문 역시 구본형 선생님이 노자의 한 대목을 풀어 설명한 구절이다. 자연스러운 마음을 나타내기에는 노자의 '상선약수'보다 더 적절한 설명은 없다. 물은 낮은 데로 향하면서 다른 것과 다투지 않는다. "산이 가로막으면 멀리 돌아서 가고, 바위를 만나면 몸을 나누어 비켜 간다."

천직을 찾아가는 우리의 마음도 마찬가지다. 그저 마음에 그것이 떠오르면 따라가 보는 것이다. 설사 나중에 잘못된 길임이 밝혀지더라도, 순수한 시도 그 자체에 스스로 점수를 줄 수 있어야 한다. "질문 속에서 살다 보면 언젠가 그 해답에서 살고 있는 우리를 만날 수 있다."

또한, 우리의 대다수는 현대 도시 속에서 살아가는데 이런 환경에서는 지극히 관념화되기 쉽고, 곧잘 망상에 빠지게 된다. 그런데 내 마음이 흐르는 대로 좇아가면 생각과 삶이 일치를 이룰 수 있다. 이것의 간극이 좁은 상태가 정신적으로 건강하다는 걸 나타내기도 한다.

불법에서도 자주 말하는 것이 지금을 있는 그대로 살라는 것이다. 우리는 평생 자기만의 필름을 돌리면서 산다. 그것이 곧 망상이다. 세상은 우리의 마음이 투영된 것일 뿐이다. 따라서 마음이 깨끗한 사람에게 세상은 희망적으로 보이고, 반대로 마음이 흐린 사람에게 사회는 그저 힘겨움의 연속일 뿐이다.

우리가 하는 일을 천직의 단계로 끌어올리려는 이유도 같다. 자기의 일을 반복하는 사람은 쉽게 지루하고 나태에 빠진다. 그런데 같은 일을 하는 사람이라고 할지라도 자기가 하는 일에 의미를 발견하는 사람에게 그 일은 다르게 느껴진다. 결국, 이 태도가 일을 성숙하게 하는지를 결정한다.

3

나를 찾아 다 쓰고 가자

　우리는 태어나는 순간 유일한 특별함으로 자신의 생을 시작한다. 따라서 우리는 태어날 때 이미 비범하다. 사회화를 통해 비범이 평범함으로 바뀌게 된다. 부모가 우리를 평범하게 하고 학교가 우리를 평범하게 한다. 이때쯤 되면 우리는 이미 자기 자신이 아니고 사회가 만들어낸 인물이 된다. 꿈조차도 우리의 것이 아니게 된다. 비범하게 인생을 시작했던 우리들은 그리하여 평범하기 이를 데 없는 삶을 살게 된다. 살아 있으나 이미 그 인생 속에는 '내'가 들어 있지 않다. 결국, 비범함이란 '자기 자신이 되어 자기다운 삶을 사는 특별함'을 의미하고, 그것의 기준은 '타고난 재능이 얼마이든 그것을 모두 쓰고 가는 것'으로 정의할 수 있다.

– 구본형 칼럼, 「내 속의 비범함을 찾아라」

다음으로 구본형 변화경영연구원들이 쓴 『내가 가장 잘하는 것은 무엇인가』라는 책이 떠오른다. 이 책에 보면 자기의 천직을 찾아가기 위한 다양한 사례가 소개되어 있다. 인생의 각 지점을 놓고 자기 삶의 그래프를 그려보는 방법이 있고, 어려서부터 주위에서 칭찬을 들었던 것이라던가, MBTI를 활용한 자신의 성격으로 다가서는 법도 나와 있다.

이 책이 특히 좋았던 것은, 우리의 실생활에서 중요하게 다뤘으면 하는 주제를 실제로 공부하고 연구해 풀이해놓았다는 점이다. 우리가 정말 행복할 때는, 자신의 가슴을 뛰게 만드는 일이 나타났을 때다. 그리고 자신이 즐기는 일을 찾았을 때이기도 하다. 책 속의 그들도 한때는 평범한 사람에 불과했다. 그런데 이들이 보통 사람들과 달랐던 점은, 자신의 잠재력을 끊임없이 찾아간 태도에 있다. 그럴 때 우리 안의 놀라운 능력은 발휘되는 것이다.

우리는 사회화의 영향을 받아 어렸을 적에 타고난 자기를 쉽게 잃어버린다. 진정한 자기를 찾는 게 천직을 발견하는 또 하나의 방법이 될 수 있다. 이 부분을 생각하니 명상가 오쇼의 이야기가 생각난다. 그는 우리가 사회의 눈치를 덜 볼수록 더욱 자유롭게 살아갈 수 있다고 했다.

"나는 나의 일생을 통해서, 만약 조금만 체면을 희생할 준비가 되어 있다면 아주 쉽게 자신의 길을 갈 수 있다는 것을 발견했다." 그렇다. 사회는 우리와 게임을 하고 있다. 이 게임에서 승리하는 법은 자기를 찾는 것이다. 그러면 그때 사회와의 전쟁은 끝이 난다.

구본형 선생님의 『깊은 인생』이란 책에 보면 간디와 체 게바라의 이야기가 나온다. 젊어서 간디는 평범한 변호사였다. 그때는 젊고 미숙했기에 일자리를 찾아 남아프리카로 가게 되었다. 그곳을 향해 가는 길에서 평범했던 간디는 위대한 '마하트마 간디'로 재탄생하게 된다.

그에게 무슨 일이 일어났던 것일까? 그는 일등 기차표를 들고 열차에 탔다. 그런데 백인 한 사람이 그에게, 당신은 유색 인종이니 삼등칸으로 가라고 외쳤다. 간디는 그럴 수 없다며 버텼다. 마리츠버그역에서 그는 결국 기차에서 쫓겨나게 된다. 그리고 그곳에서 추운 밤을 새며 결심한다.

변호사인 자신이 자기의 권리조차 지키지 못한다면 창피한 일이다. 그 후 목적지에 도착해서 그곳의 인도 사람들을 모아 그의 인생 첫 집회를 연다. 그리고 유색 인종이라고 하더라도 옷차림이 적절하다면 기차의 일등칸에 탈 수 있다는 결과를 얻어냈다.

마찬가지로 혁명가 체 게바라의 인생에도 젊어서 비슷한 일이 일어났다. 의학도 신분으로 떠난 남아메리카 여행은 그의 인생에서 가장 추운 경험으로 기억되었다. 한 번은 노동자 부부의 집에서 하룻밤을 신세 지게 되었는데, 그들 부부는 이불조차 마련되어 있지 않았다. 그래서 체 게바라는 자신의 이불을 내어준다.

여행에서 이러한 모순을 끊임없이 발견한 그는 고국에 돌아오면서는 전혀 딴 사람으로 바뀌어 있었다. 그저 젊은 나이에 떠난 호기심 가득했던 여행이 그를 의학도 신분에서 혁명가로 재탄생하게 했다. 고국에 돌아오며 그는 "이전의 나는 사라지고 없다. 난 혁명가로서 앞으로의 삶을 다시 살게 될 것이다."라고 말했다.

언제 우리는 자신 속에 내재된 자기 자신을 전부 쏟아내어 살 수 있게 될까? 위의 간디와 체 게바라의 경우와 같이 어떠한 변곡점이 우리를 이전과 다른 사람으로 바꾸게 할까? "사람이 준비되면 위대한 일이 일어나고, 제자가 준비되면 스승이 나타난다."라고 했다.

위와 같은 일은 누구에게나 일어나지만, 아무에게나 승리가 보장된 일이 아니다. 그것은 준비된 자에게 발생하는 일이다. 그러니까 우리는 언제고 준비되어 있어야 하고, 또 준비하고 있어야 한다. 자기 내면의 목소리에 집중하고 있는 사람에게 운명은 속삭일 것이다.

4

직접 그 일을 해보는 것

엑셀, 파워포인트, 회사 들어가 배워도 됩니다. 업무에 따라 전혀 필요 없기도 하구요. 필요하다 해도 한 달이면 됩니다. 그리고 그런 거, 실무능력 아닙니다. 당신은 지금 취업이란 생소한 도전 앞에서 자신이 없고 불안하자 자신에게 부족한 걸 자꾸 찾아내 스스로를 자학하고 있는 겁니다. 진짜 실무, 자신 업무 정해진 후 배웁니다. 누구나. 물론 지금이야 불안해 별 걱정이 다 들겠지만, 적어도 엑셀, 파워포인트 다루는 능력유무 따위를 가지고 하고 있는 지금의 걱정일랑은 집어 치우셔도 됩니다. 그건 자기 학대예요. 그보다는 자신이 혹시 쓸데없이 걱정 너무 부풀리고 막연히 미래 두려워하고 보는 경향이 있는건 아닌지, 그걸 더 살펴야 할 듯. 그러는 거, 미래를 대비하거나 대처하는 데 실제로는, 거의 쓸모없거든요.

– 김어준, 「알라딘 독자들과의 대화」

우리는 곧잘 이론화되어 있고, 책을 읽으며 모든 것을 찾아내려는 습성이 있다. 이것은 우리나라 교육 방식의 특성이기도 할 것이다. 물론 이것도 상당한 도움이 된다. 특히 직업 세계에 아직 뛰어들지 않은 학생들의 경우에는 중요한 사항이다. 그러나 책보다는 직접 일을 해보는 것이 무엇보다 중요하다.

나의 경우만 살펴봐도 공부에 집중은 잘하지 못했지만, 혼자 법학 자격증 취득하는 것에 대학 시절의 많은 시간을 쏟았다. 그러나 많은 방황과 우여곡절 끝에 결국 첫 취업을 한 곳은 주간지를 전화로 영업하는 곳이었다. 방황할 때 항상 머릿속으로는 광고와 심리상담 그리고 자기계발전문가를 하고 싶은 욕망만 그렸었다.

그런데 내게 주어진 일은 텔레마케팅 일이었다. 첫 직장치고 성과가 나쁘지는 않았다. 그곳에서 꽤 오래 근무하고 있기도 하고 말이다. 여기서 내가 하고 싶은 말은, 실제 직업 세계에 뛰어들어 업무를 맡아하다 보면, 자신도 몰랐던 성격과 취향 그리고 적성도 알게 된다는 것이다.

인간은 이유가 많은 동물이다. 무슨 일을 할 때 꼭 이유를 붙이기도 한다. 그런데 여러 사람이 말하길 무엇을 하는 데 가장 좋은 방법은 그 일을 '그냥' 하는 것이다. 그러니까 이유를 달지 말고, 시작해보는 게 어떤 일을 가장 잘할 수 있는 태도다.

이 사례에 가장 잘 들어맞는 인물이 딴지총수 김어준 씨다. 그는 젊어서 여러 사업을 했다. 잘 되는 것도 있었고, 결국에는 망했다. 그런데 그의 태도는 남들과 달랐다. 그가 마지막 사업을 할 때 회사 앞에 계란빵을 파는 아저씨가 있었다. 그런데 그분의 매출이 상당했다는 것이다.

그는 당장 그분에게 같이 사업을 하자고 제안했다. 자신은 인터넷으로 전국 체인을 만들 테니, 그 아저씨에게 요리 레시피를 요구했다. 그분은 그러자고 대답했다. 그런데 그때가 여름이 다가올 때라 그 아저씨는 겨울에 다시 나온다고 말하고 사라졌다.

그렇게 겨울까지 할 게 없어진 그는 그때까지 남들의 홈페이지만 만들어주다, 이제 심심해진 자기에게 놀이로써 홈페이지 하나를 만들어준다. 그게 딴지일보이고, 한때 세상에 엄청난 파장을 불러왔다. 김어준 씨의 비결을 꼽자면 '그냥' 그것이 하고 싶으니까 맨땅에 헤딩하듯이 도전해본 것이 성공으로 이어졌다.

그리고 30대에 이러한 자세로 삶을 산다면 잘 살았다고 볼 수 있다. 그것은 밑바닥에서부터 시작한다는 마음이다. 젊어서는 가장 낮은 곳에 있어도 부끄럽지 않다. 바닥의 단단한 땅에서부터 확실하게 배우는 게 좋다. 무엇을 하더라도 처음 하는 사람의 마음을 갖고 시작하면 좋다.

다음으로 치열하게 살아야 한다. 30대는 치열함이 핵심이다. 또 그게 그 나이에 어울리고, 아름다운 모습이다. 하루를 열심히 보내는 직장인은 퇴근할 때 후줄근한 모습으로 귀가한다. 이런 장면을 연상하면 좋다. 즉 우리의 몸과 마음을 모두 집중해 하나의 일에 다 쏟아야 한다.

나 또한 항상 바닥에서부터 시작한다는 마음을 갖고 있다. 불가에서도 초발심을 매우 중요하게 여긴다. 우리의 마음이 해이해지기 쉽기 때문이다. 그래서 매번 처음의 마음을 되새기는 사람이 불법도 더 잘 닦는다 했다. 천직을 찾고자 하는 우리도 처음 시작할 때의 그 마음이 변하지 않으면 더욱 그 길에 도달할 수 있을 것이다.

5

인생이라는 비밀 풀기

　나는 전 세계 어느 곳을 가든 촉각을 곤두세우고 지금 내 눈에 보이는 것을 – 그것이 포장지든, 한 개의 단어든, 시든, 심지어 전혀 다른 사업에 속하는 것이든 – 어떻게 바디샵과 관련시킬 수 있을까 연구한다. 나는 인도의 시장에 갔을 때 물을 길어 나르는 데 사용하는 스테인리스 깡통을 보았다. 그때 나는 똑같은 소재로 얼마나 다양한 형태를 만들 수 있는지를 보았으며, 그것을 응용하면 멋진 포장을 할 수 있겠다는 생각을 했다. 샌프란시스코는 효모 빵으로 유명하다. 지난번에 샌프란시스코에 갔을 때에는 생효모 반죽으로 몸을 씻으면 어떨까 하는 생각이 들었다. 그래서 발삼 식초로 시험을 했다. 발삼 식초가 모발에 좋다는 것은 알고 있었지만, 피부에도 좋은지 알고 싶었다.

– 아니타 로딕, 『영적인 비즈니스』

천직을 찾는 법도 인생을 살아가듯이 뚝딱 금방 되는 과정이 아닌 듯하다. 이것에도 뜸을 들일 인내의 시간이 필요하고, 때로는 돌아가 기도 해야 할 것이다. 그리고 자기가 가장 잘하는 일인 천직을 찾는 과정은 인생이라는 비밀을 풀어가는 흥미로운 도전 과제일 수 있다.

분석심리학자로 유명한 칼 융은 그의 자서전에서 정신과 의사가 되 기까지의 과정을 자세히 쓰고 있다. 어려서 그는 자연 속에서 특히 호 숫가에서 시간 보내길 좋아했다. 그곳에서 돌을 갖고 장난치며 노는 걸 즐겼다. 그리고 불꽃에 신기하게도 호기심을 보였다.

청소년 시절에는 다방면으로 책을 읽었지만, 고고학과 인류학에 관 심을 많이 가졌다. 그랬던 그가 우연한 기회에 정신의학에 호기심을 갖게 된다. 그때부터 인간의 정신에 특히 관심을 보였다. 대학 때는 당시 유행하던 철학자 니체의 저서를 읽는 걸 주저했다. 자신도 감전 이 될지 모른다고 생각했기 때문이었다.

그는 다행히 인생의 다른 유혹을 떨쳐내고, 결국 정신의학에 몸을 담는다. 그리고 오랜 시간 헌신을 했다. 그는 연구 또한 많이 하고, 인 간의 정신이 결국에는 인격에 중요한 영향을 받는다는 걸 깨달았다. 그쯤에 신화에 관심을 갖게 되고, 더 많은 연구를 한 끝에 분석심리학 을 창조해낸다.

나 역시 마찬가지였다. 고등학생 때는 아무런 생각 없이 학교에서 열심히 하라고 시키니까 공부를 했다. 공부에 재능이 없어 잘하지는 못했지만 성실하게는 임했다. 그리고 재수 끝에 서울의 모 야간대학 법학과에 입학했다. 그때의 꿈은 법학 자격증을 취득하는 것이라 열심히 공부했다. 역시 잘되지 않았다.

그 후 다방면으로 관심이 생겨 진로 고민을 많이 했다. 그러다 우연히 책 읽는 걸 좋아하게 됐다. 24살부터 독서에 깊이 빠져, 한 5년 동안은 손에서 책을 놓지 않으려 했다. 그리고 우여곡절을 겪고 텔레마케팅 업무를 하는 회사에 취업해서 10년 동안 근무를 했다. 그러다 글쓰기에 관심이 많은 나를 발견했다.

처음에는 그저 취미였지만, 계속 글을 쓰다 보니 작가에 관심이 생겼다. 그래서 내 이름을 건 심리경영연구소를 만들었고 책을 몇 권 펴냈다. 그 후 소명을 행복연구소로 바꾸고 더욱 진지하게 글쓰기를 하게 되었다. 현재 나의 희망은 언제가 될지는 모르겠지만 행복과 동기부여에 관한 책을 쓰는 작가가 되는 것이다. 이것을 내 인생의 천직으로 생각하고 있다. 나 역시 현재를 인생이라는 퍼즐을 풀어가는 과정으로 여긴다.

우리는 인생의 경력을 결정하는 초반부터 일관된 길을 가면 좋다. 그런데 연구 결과를 봐도 대학 전공을 살려 취업을 하거나 일하는 사람은 소수로 꼽힌다. 그들은 운이 좋은 사람들이다. 대부분은 직장에서 다양한 일을 해보거나, 사회생활을 하며 직접 몸으로 부닥치며 천직을 찾는다.

그리고 세계적인 연구를 봐도 자신의 길에서 성공한 사람들을 조사해보니 20대와 30대를 그야말로 분야를 가리지 않고, 닥치는 대로 살았다는 것이다. 그들은 그때 자신이 하고 싶은 일에 용감하게 뛰어들어 이 일도 시도해보고, 그러다 아니다 싶으면 포기하고 또 다른 일에 뛰어들었다. 그러다 나이가 40살을 넘어서니 자신이 재밌어서 10년 이상 몰두한 일에서 두각을 나타냈다는 것이다. 우리가 천직을 찾아가는 것도 이와 비슷하고, 많은 이들이 살아가며 인생의 비밀을 풀어내는 것이다.

12 Secrets of
Happy People

3

창의성을
높이는 법

모든 게 비슷해진 지금 시대에,

결국 핵심은 창의성에 달려 있다.

1

21세기 인재의 제1 조건

그중에서 가장 중요한 발견 중의 하나는 창의성은 개별성과 밀접한 연관 관계가 있다는 것이다. 개인이 존중되고 그 의견이 자유롭게 받아들여지는 곳에서만 창의성은 서식한다. 조직의 질서가 지나치게 개인을 구속하고, 수직적 구조가 지시와 관리로 직원을 통제하려 하는 곳에서는 창의성은 질식한다는 주장이다. 개인이 자유로운 곳에서만 창의성은 발현된다. 호랑이는 정신적 고립을 극복한 동물이다. 홀로 자유로이 지낼 수 있는 동물이다. 마찬가지로 창의적인 개인은 세상의 패러다임에 도전하고, 이질성을 견뎌낼 수 있어야 한다. 그것이 바로 힘이다. 다른 사람과 다르다는 고독, 이질성의 불편을 견딜 때 호랑이가 되는 것이다.

– 구본형 칼럼, 「호랑이처럼」

어떤 학자가 창의성에 관해 연구를 많이 했다. 그 결과는 단순했다. 창의성은 개별성과 밀접한 관련이 있다는 것이다. 조직이 개인을 지나치게 압박하고 개입할 때 창의성은 발현되지 못한다. 왜 현재 창의적인 기업은 서구에 모두 있을까? 답은 자명하다. 그들은 개인을 분리하고, 개별화시키는 문화를 갖고 있기 때문이다.

그렇다면 문제는? 한국은 그런 문화가 아니라는 것이다. 우리는 아직도 조직이 개인의 자유를 인정하지 않는다. 세상이 변해 요즘은 조금 좋아졌다지만 한계가 많다. 우리네 가정만 봐도 잘 알 수 있다. 부모가 자녀의 일에 지나치게 간섭하고 개입한다. 그들이 직장에서 누군가의 상사와 동료가 된다. 이것은 생각만 해도 '아뿔싸'이다.

왜 현재 한국은 헬조선으로 불릴까? 그야, 창의적인 나라가 아니어서 그렇다. 현시대를 이끌고 가는 세계적인 기업은 모두 창의적인 조직이다. 더구나 세계에서 가장 일하기 좋기로 유명한 회사는 가장 창의적이다. 그 조직의 직원은 최대한의 자유를 회사로부터 선사 받는다. 창의성이 제일 중요하다고 누구나 입버릇처럼 말하면서 창의적인 환경을 만들지 못하는 것은, 세계 질서에서 도태되고자 하는 행동이다.

이제 관리자는 관리하지 않는 방식으로 이끌어야 한다. 직원이 자유롭다는 것이 위협이 아니라 기회로 느껴져야 한다. 모든 직원이 자유로운 회사가, 미래 직업 세계를 이끌고 간다는 것은 분명하다. 그렇다면 한국의 조직들은 어떤 선택을 해야 할까? 답은 분명하다. 문제는 용기가 없다는 것이다. 인생의 모든 실패는 용기로부터 오는 듯하다. 두려워 마라.

아이러니컬하게도 직원이 자유로울 수 있으려면 중간 관리자가 많으면 안 된다. 이제 그들은 직원들이 자유롭게 일할 수 있도록 지켜줘야 하는 역할을 떠맡게 되었다. 그런데 조직 문화가 자유롭다면 그들이 많을 필요가 없다. 경영 컨설턴트 톰 피터스는 획기적인 발언을 했다. "조직이여, 중간 관리자들을 모조리 잘라 버려라." 그는 거기에 더해 혁명적인 발언까지 했다. "조직은 괴짜 직원을 수호해야 한다." 그 이유는? 스티브 잡스 같은 인재를 회사에 잡아두려면, 괴짜 직원을 감싸 안는 조직 분위기가 되지 않으면 안 되기 때문이다.

창의성은 젊은이가 잘하는 것이다. 왜냐? 이들은 기준을 두지 않았기 때문이고, 규정되지 않았기 때문이다. 따라서 노인은 창의할 수 없다. 정신적 폐쇄성을 지닌 사람들 말이다. 그런 정신을 극복하지 않고는 미래를 맞이할 수 없다.

따라서 현대 경영은 과거와 작별 인사를 나눠야 한다. 현대 조직을 먹여 살리는 것은 창의성에 있고, 그 창의성은 젊은이들이 잘 발휘한다. 그중에서도 개성이 강한 괴짜들이 그것을 잘한다. 그러므로 미래

경영은 어울리지 않는 것을 어떻게 조화시킬지가 관건이다.

모든 훌륭한 인물은 개별적이었다. 그 후에 조화를 이루었다. 공자가 말한 어울리되 파당을 짓지 않는 경지다. 한 사회를 이끌어가는 모든 예술가, 시인, 작가, 창의적인 인물은 개별적이다. 한때의 외로움을 극복하지 않고는, 배짱을 얻기 힘들기 때문이다. 고독하지 않았던 인물은 창의적인 결과물을 생산해낼 수 없기도 하다.

그러므로 창의성은 어떠한 의미에서 도전이다. 우리는 그냥 평범한 다수에 속해 보통의 일을 할 것이냐, 그렇지 않으면 길을 잃을지도 모르는 숲에 홀로 걸어 들어가는 용기를 낼 것이냐의 문제다. 인재로 불리는 이들의 대답은 자명하다. 그들은 인생에 대해 언제라도 '예'라고 답하기 때문이다.

2

경쟁적 환경 조성하기

하지만 잘 생각해보세요. 이제 우리는 100살을 훌쩍 넘게 살아야 하는 시대입니다. 예전처럼 은퇴하면 얼마 살지 못하던 시대가 아니란 말이지요. 이게 무엇을 의미할까요? 살아가면서 해야 할 일과 할 수 있는 일들이 엄청 많아졌다는 겁니다. 이제 새로운 것을 찾아 나서고 기존의 것과 다른 것을 찾아볼 수 있는 능력은 이 긴 인생을 행복하게 살아가기 위한 가장 중요한 능력이 됐습니다. 나와 다른 사람을 만나는 걸 두려워하지 않으면 됩니다. 인간은 자신과 많이 다른 사람을 만날수록 새로운 생각과 성찰과 통찰이 오게 되어 있어요. 사람은 결코 혼자서 창의적으로 될 수 없습니다.

– 김경일 채널예스 인터뷰, 「창의성은 과연 타고난 것일까?」

사람들은 아이들이 넓은 벌판에서 자유롭게 뛰어놀면 창의성이 저절로 생길 것이라고 보는데 이것은 오판이다. 물론 어려서 자연에서 마음껏 노는 것은 좋은 일이다. 그런데 그것도 정도가 있지, 그런 환경에 놓여 있다고 창의성이 쌓이지는 않는다.

내가 좋아하는 어느 작가가 시험은 20살 전에 딱 한 번만 보면 좋겠다는 말을 했다. 그리고 그때까지는 사회가 아이들을 보살펴주고 챙겨주면 좋다 했다. 그만큼 한국은 현재 입시 위주 교육의 폐해를 입고 있다. 이것이 먼저 창의성을 저해하는 요인이 된다.

그러면 어떻게 하면 창의성이 발휘될까? 그 작가의 말로는 우리가 경쟁 속에 놓여 있을 때, 머리를 잘 쓰게 되고, 창의성 또한 좋아진다고 했다. 자연 속에 마음껏 풀어놓으면 창의성이 쏟아지는 게 아니라, 창의성을 발휘할 수밖에 없는 환경을 조성해야 아이디어가 왕창 나온다는 것이다.

김경일 교수님이 쓴 『부모만이 줄 수 있는 두 가지 선물』이란 책에서 창의성 부분이 나온다. 인간은 언제나 미래를 과소평가한다고 이야기를 시작한다. 부모들은 자기의 경험을 바탕으로 아이의 미래를 그려준다. 그리고 아이가 하는 말은 "다 안다."라며 확신하는데, 저자의 말로는 그게 좋지 않고, 어른들의 사고방식에 문제가 있다는 것이다.

또한, 창의성은 환경이 만든다고 이야기한다. 그러니까 어른들의 결정론적인 태도는 틀린 것이며, 진정한 창의성은 그것을 발휘할 수밖에 없는 상황에 놓여 있게 되면 사람들은 창의성을 끄집어낸다는 것이다.

낙천적이지 못한 한국 사람들을 이야기하면서, 긍정적인 삶의 태도와 성품 그 자체가 뛰어난 스펙이라는 말을 하고 있다. 그리고 지식이 아니라 지혜롭게 아이를 키워야 한다고 말한다. 지식으로 치면 인공지능이 사람의 뇌를 능가한다. 그런데 사람은 다양한 상황 속에서 어리석은 결정도 내려보고 거기서 어떤 울림을 느껴 결정적인 변화의 계기를 만들 수도 있다.

그리고 우리의 생각과 다르게 이타적인 아이가 더 잘 성장할 것이다. 이타적인 아이들이 지혜롭게 자랄 확률이 높기도 하다. 요즘 내가 읽는 책인 『상처받지 않는 삶』에서도 이타적인 삶의 중요성에 관해 이야기한다. 사람들은 흔히 이기적이어야 손해 보지 않고 승승장구할 수 있다고 생각하는데, 그렇지 않다는 것이다. 왜냐하면, 삶은 단기적인 게 아닌 장기전이기 때문이다.

은유적으로 이해할 수 있을 때 보다 창의적일 수 있다고 한다. 그래서 김경일 교수님은 시 읽기의 중요성을 이야기하고 있다. 관점을 바꿔서 바라보고, 다른 공간에 놓일 때 사람은 좀 더 창의적일 수 있다.

그러니까 감정이입 능력이 높고, 공감 지능이 높은 아이들이 더욱 창의적이다.

이것은 내가 예전에 쓴 '마음의 감도가 높은 아이'에서도 이야기한 내용이다. 이 아이들은 어려서는 마음고생이 심할 수밖에 없는데, 어른이 되어서 자신을 이끌어줄 선생이나 스승을 만나면 물 만난 물고기처럼 신바람 나는 삶을 살아가게 된다 했다.

사람은 좋아하는 것이 있어야 하고, 꿈꾸는 것이 있어야 더욱 행복하게 살 수 있다는 이야기로 김경일 교수님은 마무리를 짓는다. 그런데 한국 아이들은 주입식 교육에 익숙해, 스스로 좋아하고 하고 싶은 꿈을 잘 발견하지 못한다. 그래서 많은 아이가 오늘도 행복하지 않은 하루를 살고 있다.

3

네 멋대로 하라

기준이나 목적의식을 덜고 또 덜어내고, 약화시키고 또 약화시키고 나면 결국 무위의 경지에 이르게 된다고 말이지요. 무위의 경지란, 쉽게 말해, 일정한 틀에 얽매이지 않고 멋대로 하는 상태를 말하는 것입니다. 사람들이 모두 제멋대로 한다면 어떻게 될까요? 모두가 멋대로 한다면 곧바로 도덕적 혼란의 상태에 빠지고 말 것이라고 걱정하시겠지만, 노자는 전혀 걱정하지 않았어요. 외려 멋대로 해야 제대로 될 뿐 아니라 멋대로 해야 잘할 수 있다고 강조했어요. 노자의 말을 그대로 옮겨볼게요.

"멋대로 하라. 그러면 안 되는 일이 없다." – 도덕경 37장

– 최진석, 『인간이 그리는 무늬』

내가 좋아하는 최진석 선생님은 재밌는 사례를 들었다. 힙합이라는 장르가 만들어지게 된 것이 흑인들이 노래는 어떻게 불러야 하는지 생각하지 않고, 자기네 몸과 정신 그리고 문화 속에서 자연스럽게 놀다 보니 나오게 된 것이라 했다. 그러니까 창의성이나 새로움은 기존의 것을 익히고, 배우려고 들면 발휘되지 않는다. 오히려 반대로 '네 춤을 춰라.'라는 어느 할머니의 말처럼, 자기 멋대로 해볼 때 나오게 되는 것이다.

그동안 나는 내가 틀린 사람이라고 생각을 많이 한 듯했다. 그래서 남들처럼은 살아야 한다는 마음을 많이 가졌다. 그것은 나를 더욱 강박적으로 만들고, 내 삶을 피곤하게 했다. 이제는 이런 나를 놓아주려 한다.

온라인에서는 자신이 하고 싶은 대로 하며 살라고 말을 많이 하지만, 오프라인에서는 그렇게 살고 있지 못한 나를 만나게 된다. 왜 이 괴리가 생기는 걸까? 나는 벌거숭이로 태어나고 길러졌다. 인위적인 걸 잘 못하고, 솔직하게 살게 됐다. 이것은 꼭 좋지만은 않고, 충동적인 나를 다잡지 못해 생기는 일이기도 하다.

또한, 최진석 선생님은 '어떻게 살 것인가?'라는 강연에서, 어떻게 살 것인지는 스스로 결정해야 한다고 말했다. 그러니까 자신이 스스로 인생을 의도해야 한다고 했다. 다시 말하면, 이분은 서양이 크게 발달할 수 있었던 비결이 꿈의 크기가 컸기 때문이라고 했다. 특히, 서양 신화는 황당무계할 정도라는 것이다. 무지막지할 정도로 이야기의 스케일이 넓었다는 것이다. 이것이 서양이 동양에 반해 더 나아질 수 있는 비결이라 했다.

카잔차키스의 『그리스인 조르바』라는 책이 떠오른다. 거기에 보면 화자로 등장하는 주인공은 책만 보고 글을 쓰며 이론적으로 세상을 산다. 그런 그 앞에 조르바라는 몸으로 풍진 세상을 겪어내며 살아가는 자유인이 등장한다. 사람들은 조르바의 자유스러운 삶을 동경하고, 또 그게 맞는 것 같지만 나는 화자의 삶도 나쁘지 않다고 본다. 그 또한 변신의 주체이고, 조르바에게서 영향을 받아 자기 내면에서 생생하게 울려 퍼지는 감각을 깨우기 때문이다.

우리는 자신을 풀어줘야 한다. 세상에 어떻게 살아야 한다는 법은 없다. 이것은 철학자 니체가 그의 시대에 해체한 삶이다. 하나의 정답만이 존재하던 세상에, 니체는 반대를 외쳤다. 그렇게 그는 자신의 인생을 불꽃처럼 살다가 갔다. 그런 그가 인류에게 강한 확신을 주었다. '네가 원하는 대로 살아라.' 삶은 천 가지의 길이 있다. 인생에 답이 하나밖에 없는 것이 문제지, 우리에게 정말 필요한 것은 삶의 과잉이다. 그러니까 들길을 걷듯이 네 발길이 닿는 대로 걸어가라.

사람들은 남의 눈치를 지나치게 보는 듯하다. 그럴 필요는 없다. 자기 인생의 주인은 자신이 됨이 마땅하다. 그런데 우리는 잘못 교육된 폐해를 입고 있다. 한국의 주입식 교육의 문제점인 것이다. 아직도 우리나라의 교육 방식은 잘하는 것을 더 잘하게 만드는 것이 아니라, 부족한 것을 노력해서 평균에 도달하게 만드는 방식이다. 이것은 효과성도 낮고, 사람을 매우 피곤하게 만든다. 우리 앞으로는 그러지 말고, 자신의 강점을 알아내고, 그것에서만큼은 천재적인 재능을 발휘해보자.

나는 이제 내가 원하는 대로 삶을 살아갈 것이다. 남들의 기준에 나를 맞출 생각이 없다. 내가 잘하는 것에 최대한 많은 시간을 쏟을 예정이다. 여기서 정말 중요한 것은 자신의 창의성, 즉 천재적인 재능을 발휘하는 영역을 알고 있느냐이다. 그리고 이것은 나의 삶의 스타일이지, 다른 사람은 다르게 생각할 수 있다. 즉 자신의 인생 스타일을 발견하면 되는 문제다. 나는 꽂히는 것에 지르며 사는 열정파가 맞다.

4

개별성과 화이부동

우울증과 30대 젊은 시절을 거치면서 연암 박지원은 마침내 과거를 폐하고 재야의 선비, 즉 아웃사이더로 살아가기로 결심한다. 제도권 권력의 아웃사이더로서 연암이 가장 심혈을 기울인 것은 바로 우정이 었다. 벗들을 부르는 것은 태양인 연암의 장기였다. 백탑청연(白塔清緣)이라 하여 지금의 탑골공원 주변에 이웃하던 자신과 비슷한 아웃사이더들이 하나로 뭉쳤는데 이를 소위 연암그룹이라 부른다. 모두 각 분야에서 경지에 오른 재야 지식인들이었다. 그들은 그저 친목을 도모하는 모임이 아니라, 만날 때마다 며칠을 함께 지내며 동서고금의 고전을 망라하며 교류한 새로운 지식 공동체였다.

— 고미숙, 『열하일기』, 「웃음과 역설의 유쾌한 시공간」

많은 학자가 말한 창의성은 연구 결과 개별성에서 나타난다고 했다. 이것은 서구의 문화에서 잘 발견되는데, 그들은 학연과 지연으로 묶지 않는다. 한국이 아직도 폐쇄적인 조직이 많은 이유는 사람들이 들개처럼 떼로 몰려다니기 때문이다.

공자 또한 말하길, 군자는 '화이부동(和而不同)'하지 그 반대가 되지 않는다고 했다. 그러니까 좋은 사람은 뭇 사람들과 잘 어울리되 파당을 짓지 않는다. 무리를 짓게 되면, 그 그룹의 이해를 따를 수밖에 없게 되니 자신의 원칙을 지키기 어렵다. 이 속에서는 서로 눈치를 볼 수밖에 없으니 창의성은 전혀 발휘되지 않고, 구태의연한 권위주의만 감돈다.

『열하일기』로 유명한 연암 박지원이 있다. 그는 당대 집권층인 노론 가문의 자제였는데, 젊어서부터 벼슬에는 관심이 없었다. 과거에 뜻을 접은 그는, 저잣거리로 나가 다양한 계층의 사람들과 우정을 나눴다. 그리고는 중국으로 긴 여행을 떠난다. 그렇게 그는 조선 최고의 개혁가이자 문장가로 재탄생한다.

중앙은 간섭을 많이 받고, 신경 써야 하는 게 많으므로 창의적이기 어렵다. 같은 파벌끼리 밀어주고 챙겨야 하는데, 개별성이 바탕이 되어야 발휘될 수 있는 창의를 쉽게 할 수 없다. 그래서 '변방의 촌놈이 창의하고, 세상을 바꾼다.'라는 말이 있다.

그런데도 사람들은 중앙으로 몰려가려고 안달이다. 그곳에 도달하면 뭐 철밥통은 챙길 수 있으니까 그런가 본데, 한 번 사는 인생, 그처럼 재미없는 것도 없다. 밥그릇에 목줄을 건 개 같은 신세가 어디, 이 시대 제 1의 인재 요소인 창의성을 발휘할 수 있겠느냐는 말이다.

그런데 후진국인 한국의 많은 젊은이는 그 길에 들어서려 한다. 한마디로 배짱이 없는 것이다. 인생지사 새옹지마라 했다. 세상은 끊임없이 변화한다. 우리도 통일 후에 어떤 일이 벌어질지 알 수 없다. 그러니, 누구나 가는 안정된 길이 아닌, 그대만이 갈 수 있는 가슴 떨리는 길을 가자.

인생 800년 못 산다. 그러니 하고 싶은 게 있으면 그걸 하자. 대중이 가지 않은 길만이 가장 대중적인 길이 될 수 있다고 했다. 스타의 삶이 추종 받는 이유도, 그들은 새로운 길을 열었기 때문이다. 그 후에는 대중들이 그 길을 따른다. 삶은 아이러니다. 죽으려 하면 살 것이고, 살려 하면 죽을 것이다.

자신을 그저 지나가는 대중으로 설정하면 안 된다. 그러면 삶이 시시하고 재미가 없다. 그들은 평생을 시시포스의 신화에서처럼 굴러떨어지는 바위를 매일 같이 괴롭게 올려야 하는 신세가 된다. 많은 사람이 오늘도 하기 싫은 일을 하며 직장에서 버티고 있다. 그 이유는 자기 스타일과 생김새를 모르기 때문이다. 중앙에 뭉쳐 있어서는 뛰어난 배역을 받을 수 없다. 기껏해야 자기 밥그릇 하나 챙기는, 그런 무기력하고 우울한 배우로 그쳐야 한다.

용기를 갖고 변방에서 시작하는 사람은 다르다. 이들은 숲에서 남이 걸어간 흔적이 보이면, 그 길을 가지 않는다. 대신 자기가 새롭게 창조하는 길을 걷는다. 그 길은 가슴을 뛰게 만드는 길이고, 호기심으로 가득 찬 생명의 길이다. 이 길은 조금 고되긴 하겠지만, 결국 그들은 자신만의 성과를 얻는다.

세상을 변화시킨 인물들, 즉 호기심을 불러일으키고, 용기가 있어 모험의 길을 개척하고, 기왕 해석된 삶에 새로운 가치를 부여하는 사람들은 그렇게 변방에서 탄생했다. 역사상 가슴 뛰는 삶을 살다간 사람들은 모두 거기서부터 출발했다.

5

창의성 계발 3가지 비법

"자네가 화분에다 꽃을 조각한다고 해서 품삯을 더 받을 것도 아닌데, 어째서 거기에다 그토록 정성을 기울이는가?" 젊은 정원사는 이마에 밴 땀을 옷깃으로 닦으면서 이렇게 대답했다. "나는 이 정원을 몹시 사랑합니다. 내가 맡은 일을 다 하고 나서 시간이 남으면 더 아름답게 만들기 위해 이 나무통으로 된 화분에 꽃을 새겨 넣고 있습니다. 나는 이런 일이 한없이 즐겁습니다." 이 말을 들은 영주는 젊은 정원사가 너무 기특하고 또 손재주도 있는 것 같아 그에게 조각 공부를 시킨다. 몇 년 동안 조각 공부를 한 끝에 젊은이는 마침내 크게 이룬다. 이 젊은 정원사가 뒷날 이탈리아 르네상스기 최대의 조각가요, 건축가이며 화가인 미켈란젤로 그 사람이다.

– 법정 스님, 『오두막 편지』

이제 정말 창의성을 높이는 몇 가지 방법을 살펴보자. 먼저 자신이 좋아하는 일을 해야 한다. 우리는 하고 싶은 걸 할 때 몰입한다. 그 순간에 빠져들어야 문리를 터득할 수 있게 된다. 대개의 사람은 그렇지 못하고, 10년 동안 일을 해도 같은 상태에 머문다. 한국이 창의적인 사회로 도약하지 못하는 이유도, 사람들의 창의성이 깨어나지 못하기 때문이다. 즉 자기 일이 좋아서 하는 사람이 적어서 그렇다.

'그 일을 위해 태어난 사람'이라는 말은 한 직업인이 들을 수 있는 최상의 칭찬이다. 천직이란 하늘이 자신에게 내린 소명과도 같은 것이다. 그 일을 할 때 나를 위해 일하고 있다는 느낌이 들면 가장 좋은 신호다.

어떠한 일을 할 때 아름답게 빛나는 사람이 있다. 그 일과 어울림이 있는 것이다. 이런 사람은 자신의 기질과 특성에 맞는 일을 선택한다. 혹은 자신의 성격을 일에 녹여낸다. 이런 사람은 천직을 발견하고, 자기 속에 내재 된 창의성 또한 일깨울 수 있다.

좋아하는 신화학자가 이런 말을 했다. "대뜸 베스트셀러 작가가 되길 바라는가? 10년이고 20년이고 기다릴 수 있다면, 자네가 정말 좋아하는 것만 붙잡고 살게." 좋아하는 일 자체가 보상이니 그들은 끝까지 간다.

일하라, 돈이 필요하지 않은 것처럼, 이라는 말처럼 일 자체에 몰입하는 사람들이 있다. 이들은 그 일을 더 잘하기 위해 연구하고 매진한다. 이런 사람은 스스로 빛이 나고, 주변 사람들에게 알려지게 된다. 한 사회가 깨어나고, 창의성이 발현되기 위해서는 자기 일을 사랑하는 사람이 많아져야 한다. 한국은 아직 그런 면에서 점수가 부족하다.

다음은, 자기 방식을 찾는 것이다. 사람은 타고난다는 것에 나는 한 표 던진다. 그러니까 자신의 성격이나 기질은 주어지는 것이다. 이것을 발견하는 데 우리는 그토록 많은 시간을 투자하고, 실력을 갈고닦는 것이다. 사람은 자신에게 익숙한 방식으로 일을 할 때 성과가 좋다 했다. 이것은 자신의 기질이 적절한 환경에서 녹아날 때 가능하다.

일은 곧 자신이다. 우리의 일이 우리 자신을 만든다. 그러니까 사람은 그 일 자체다. 자기의 일에 최고의 열중을 보이는 사람은 축복받은 사람이다. 일이 곧 놀이가 되는 경지가 되기 때문이다. 그런 사람들은 직장에서 놀이한다. 이것보다 직장인이 될 수 있는 최고의 단계를 나는 알지 못한다. 또한, 그럴 때 창의성은 발휘된다.

만약 지금 하는 일이 최선을 다하지 못하는 일이라고 하더라도 걱정할 것 없다. 자신의 기질과 개성이 잘 맞는 분야를 찾으면 좋다고 한다. 현재 자신이 하는 일을 잘게 쪼개 보면 자신과 잘 맞는 특화된 분야가 있을 것이다. 그런 일을 찾아 자기답게 일하도록 하자.

마지막은, 실험할 수 있는 현장을 갖는 것이다. 사람들은 창의성이 책을 읽거나 연구만 하면 저절로 높아질 것이라 여기는데 그렇지 않다. 진짜 창의성은 현장에서 일하며, 이렇게도 해보고 저렇게도 연구해보며 터득되는 것이다.

따라서 그 사람이 정말 창의적인지 알아보려면 현장에서 부딪힐 기회를 줘야 한다. 창의성은 금방 뚝딱 나오는 것이 아니다. 최소 1, 2년은 시간을 주고, 일을 해본 후에 피드백 과정을 거치며 확인하는 것이 현명한 방법이다. 현장에서 자기를 분석하고 되돌아보는 지혜를 갖춘 사람이 창의성을 높일 수 있다.

12 Secrets of
Happy People

4

강점에
집중하는 법

사람이 가장 아름다울 때는 자기답고,

강점을 발휘하는 모습일 때다.

1

끊임없이 질문 던지기

이 한계를 인식하고 있는가, 인식하고 있지 않는가. 그리고 이 한계를 인식했다면 이걸 넘어서 보려는 어떤 의지가 강한가, 강하지 않은가 하는 것을 중점적으로 봤습니다. 그러니까 기존에 있는 어떤 논리나 이론이나 세계관에 의해서 안정되어 있는 사람보다도, 그런 기존에 있는 것과 어느 정도 불화를 빚고 있는 거 같은 느낌을 주는 학생 그래서 어떤 있는 이미 있는 것보다는 아직 오지 않은 것을 꿈꾸려는 어떤 배짱이랄까. 어떤 그런 까탈스러운 성격 이런 것들이 있는지 없는지를 중점적으로 봤습니다. 우리 눈으로 봤을 때는 좀 어떤 돌파하려는 의지가 있는 학생들과 그 다음에 좀 새로운 것에 대한 갈망이 있는 학생들 그리고 그 다음에 쉽게 지루함을 느끼는 학생들이요.

– SBS 이주형 기자의 인터뷰, 「건명원 최진석 교수」

이것은 매우 재밌는 주제이고, 유익한 이야깃거리다. 왜냐하면, 우리는 강점을 바탕으로 일을 하기 때문이다. 인간이 역량을 쏟을 수 있는 분야는 기껏해야 소수밖에 되지 않는다. 그리고 우리는 시간이라는 한계와 부딪혀야 한다.

메시는 축구하고, 비틀즈는 음악하고, 고흐는 그림하고, 요리사는 요리한다. 이것보다 더 분명한 사실은 없고, 그들은 모두 한 영역에서 천재적인 기량을 발휘했다. 즉 자기가 뭘 해야 하고, 뭘 하는지 분명하게 알고 있었다. 그렇다면 우리는 어떨까? 지금 이 순간 직장에서 무얼 하는지 분명하게 답할 수 있을까?

나의 이야기부터 시작하는 것으로 하자. 나는 어떻게 나의 강점을 발견하게 되었을까? 대학 2학년까지 아무 생각 없이 살았다. 그러다 우연히 대학 3학년 겨울방학을 앞두고 책에 빠지게 된다. 책과의 만남, 그러니까 자기를 돌아보게 해주는 시간을 난 갖게 된 것이다. 이것이 시발점이었던 것 같다. 그러니까 첫째는 자신을 향해 끊임없이 질문을 던지는 것이다.

하고 싶으면 마음이 가는 대로 지르는 사람들이 있다. 나는 그런 사람들에게 후한 점수를 준다. 왜냐하면, 마음의 결을 따르지 않고는 순리대로 갈 수 없기 때문이다. 자신을 모욕하는 가장 좋은 방법은 자신의 마음을 따르지 않는 삶을 사는 것이다.

우리는 모두 죽게 돼 있다. 누구는 조금 오래 살고, 누구는 그저 그렇게 살다 죽는다. 어차피 죽음을 향해 달려가는데 두려워할 이유는 없다. 남과의 비교는 가장 어리석은 행동이다. 내 마음의 소리를 듣자. 하고 싶은 게 있으면 하자. 이런 마음가짐으로 살아야 결국에 가서 자기 인생의 주제를 찾을 수 있기 때문이다.

모두 안정된 삶을 바라는 듯하다. 내가 연구하기로는 불안정한 사람이 안정된 인생을 추구하는 것 같았다. 그러면 안정된 사람들이 추구하는 삶의 모습은 어떠할까? 그들은 모험적인 삶을 지향한다. 물론 그중에서 훌륭한 인생관을 지닌 사람들이 그렇다는 것이다. 멋진 남자들과 여자들은 모험한다.

내가 좋아하는 조셉 캠벨은 젊은이들에게 '천복을 좇으라.'라고 말한다. 그렇게 하면 우리는 어떻게 될지 알 수 없는 단계에 접어든다. 그런데 우주는 이런 사람들을 지원한다. 천복을 좇으면 창세기부터 우리에게 주어진 삶, 그러니까 우리를 기다리는 존재들을 만나게 된다. 그러면 그런 사람들이 자연히 문을 열어준다. 그들은 백발의 노인으로 등장하기도 하고, 아리아드네의 실타래처럼 아름다운 여인으로 나타나기도 한다.

그러니 나 또한 사람들에게 겁먹지 말고, 마음이 원하는 만큼 지르라고 말한다. 존경했던 선생님은 청춘들에게 자주 말씀하셨다. '두려워하지 마라' 그렇다. 삶은 따지고 보면 두려워할 일이 거의 없는 듯하다. 내가 좋아하는 스캇 펙 또한 우리가 정직하고 성실하기만 하면, 원하는 일은 어떠한 것이든 이룰 수 있다고 했다. 마음이 원하는 대로 살아라. 두려워할 것 없다. 아이와 같은 거짓 없는 마음이 최선의 모습이다.

자기의 참모습과 만나기 위해서는 그러니까 질문 던지기가 핵심이다. 내 안의 가능성은 그때 깨어나기 때문이다. 또한, 잘하는 일을 더욱 잘할 수 있도록 북돋아주는 나라가 훌륭한 사회다. 아직도 많은 나라가 약점을 끌어올려 평범한 사람이 되도록 이끈다. 이것은 지금 시대에 맞지 않는 인재 계발 방식이다. 좋은 사회는 사람들이 강점에 집중하도록 동기부여를 한다.

2

현장에서 박박 기기

현장은 생각을 실험해볼 수 있는 최고의 훈련장이다. 어디서 어떤 일을 하든 그 하고 있는 일이 진행되는 곳이 일차적 현장이다. 새로운 생각은 그 자리에서 실험되어야 그 정체를 알 수 있다. 조건을 달리해 주고, 새로운 연결을 시도하다 보면 생각이 현장에서 제대로 작동하는 순간을 보게 된다. 이때 그 현장은 혁신되는 것이고 자신은 혁신의 비법 하나를 얻게 되는 것이다. 이 기쁨이 만만찮다. 현장은 현장을 찾으려는 사람들에게만 나타난다. 수없이 많은 좋은 생각들이 문득 버스를 타다가 혹은 산길을 걷다 나를 찾아온다. 이 느닷없는 방문이 일어나는 모든 곳이 현장이다. 배움은 이렇게 깊어지는 것이며, 공력은 이렇게 누적되는 것이다.

– 구본형 칼럼, 「샐러리맨 + 스튜던트」

대학 때의 난 책만 봤다. 즉 관념적이고 이론으로만 세상을 이해했다. 그러다 우연히 방황을 겪고 첫 회사에서 전화로 영업하는 일을 시작하게 됐다. 어려울 것으로 생각했는데, 난 뜻밖에 좋은 성과를 냈다. 그 비결은 적합한 고객을 잘 찾아낸 것이다.

이것은 책을 꾸준히 읽은 것이 바탕이 됐는데, 난 성실하긴 한데 열심히 일하는 스타일은 아니었다. 적절한 고객 영역을 찾아서 그들에게 영업한 것이 효과를 발휘하게 됐다. 이것은 대학 때 생각지도 못한 일들이다. 그러니까 우리가 직업 세계에 뛰어들면서, 현장에서 박박기다 보면 뜻하지 않던 자신의 강점과 만나게 된다.

난 영업을 잘하기 위해 준비와 노력을 열심히 했고, 그래서 성과도 괜찮게 올릴 수 있었다. 그러다 1년 4개월 후에 첫 회사를 나오게 된다. 늦은 나이인 32살에 처음으로 사회생활을 시작했는데, 그 어려움을 감당할 인내력이 내게는 없었던 것 같다. 그래서 그만두고 집에서 우울증에 빠진 사람처럼 10개월을 쉬었다.

그 후 같은 회사 사장님이 다시 회사에 나와서 일해볼 생각이 없느냐고 제안을 해주셨다. 난 회사를 나올 때 작은 병원 원무과나 시민단체에서 일을 해보고 싶었는데, 일자리를 구하는 게 잘되지 않았다. 그래서 같은 회사에서 일하던 좋은 선배의 추천도 있고, 다른 일을 구하기 전까지 잠시 일해보자는 생각으로 다시 입사했다.

재입사 후 처음에는 빌빌대며 일했는데, 점점 승부 욕구가 깨어나 일을 매우 잘하게 되었다. 기존의 실적보다 2~3배가 나아졌기 때문이다. 그럴 수 있었던 비결은 나의 강점을 발휘했기 때문이다. 다른 직원들과 달리 나는 사회적 인맥이 넓지 못했다. 그래서 난 전적으로 새로운 독자를 찾아야 했는데 그것이 통했다.

첫 입사 때도 난 그때까지 발행된 주간지를 모두 찾아 중요한 내용 위주로 전부 읽었다. 그렇게 현장에서 일어나는 일을 중점적으로 두고, 나의 할 일인 판매에 관심을 쏟다 보니 어느 순간 일이 보이기 시작했었다. 이번에도 마찬가지로 성실히 자료 조사와 가망 독자 군을 찾는 데 많은 시간을 쏟았다. 그것이 결국에는 성과로 보상받게 되었다.

첫 취업을 한 것이 2011년이었으니까 횟수로 11년을 주간지 영업 일을 하며 난 보내고 있다. 그런데 중간에 힘듦과 개인적인 사정으로 2번 그만둔 후 새롭게 3번째 같은 도전을 하고 있다. 그런데 지금 직장에서 다행인 것이, 회사에 좋은 선배 한 분이 계셔서 나를 잘 챙겨주고, 같이 잘 어울리는 편이기에 한 회사에서 11년을 일할 수 있게 된 것 같다.

존경했던 구본형 선생님이 우리는 곧잘 뭔가를 시작해도 끝까지 가지 못하는 우를 쉽게 범한다고 했다. 선생님 말씀으로는 끝까지 가면 그 길의 끝에서 다른 길과 연결이 된다고 했다. 그리고 어느 여인이 젊어서 바다로 가고 싶었는데 사거리에서 계속 길을 가다가 되돌아오곤 했다고 한다. 그러길 반복했는데, 그녀가 나이가 들어서 보니 어느 길로 가도 사거리는 모두 바다와 연결이 되어 있었다는 것이다. 삶의 이치는 이처럼 놀라운 것이다. 우리에게 현장이 있다는 건 축복이다.

3

자기답게 살아가기

내가 성공이라고 받아들이는 유일한 기준은 '자기답게 사는 것'이다. 하고 싶은 일을 하면서 그곳에 자신이 가진 모든 능력을 쏟아붓다 때가 되면 육체가 가진 모든 것을 소진하고 왔던 곳으로 돌아갈 수 있다면 그보다 큰 성공은 없는 것이다. 우리가 같아질 필요가 있을까? 다양한 조화란 그저 얻어지는 것이 아니다. 그것은 다른 것을 수용할 수 있는 관용을 필요로 한다. 관용은 열려 있는 상태이며, 문을 열고 자신의 에고 속으로 외부의 경이로운 세상을 받아들이는 자세를 의미한다. 동시에 자신의 내면적 풍광을 세상에 쏟아냄으로 세상의 다이나믹한 풍광의 한 부분을 만들어내는 것이다.

– 구본형 칼럼, 「다름, 그 위대한 위안에 대하여」

역사상 수많은 철학자가 '인간은 무엇인가?' 혹은 '인간은 어떻게 살아야 하는가?'를 탐구했다. 그래서 결과는 나왔다. 정답은 '자기답게 사는 것'이다. 먼저는 자기다움을 찾고, 다음은 일관되게 살아가면 된다.

신화 책에 보면 이런 이야기가 나온다. '진리는 하나이되, 현자들은 이를 다양하게 말한다.' 그렇다. 인생에 정답은 있다. 그런데 환경에 따라, 사람마다 기질이 달라, 그걸 찾아내기는 어렵게 꾸며져 있다.

신은 자기를 찾는 것을 어렵게 해놨다. 왜냐하면, 쉬우면 인생이 재미가 없다. 시시한 게임이 재미가 없듯이, 우여곡절을 겪어야 정말 흥미진진한 법이다. 마음을 가라앉히고 차분히 생각해보자. 보물을 너무 쉽게 찾으면, 그게 무슨 보물찾기 놀이이겠는가?

각자 자기만의 보물을 찾지 못하면, 인생에게 통쾌한 똥침 한 마디 날릴 수 없는 졸렬한 인생이 되고 만다. 그러니 우리는 이왕 생명이 주어졌고, 한 번 사는 것 즐겁게 임하면 좋다. 어떻게 생각해보면, 이게 정말 잘 짜인 인생의 각본이지 않겠는가?

나는 나의 강점을 대략 찾은 것 같다. 물론 관계성이 빈약했던 나는 죽을 만큼 고생하며 내 길을 발견한 듯하다. 비법은 간단하다. 그냥 나는 20대 초반부터 내가 하고 싶은 건 다 하고 살았다. 마음이 가는 대로 했다. 이게 좋으면 가 봤고, 그러다 지치면 그런 상태로 살았다. 대신, 나는 20년 동안 주야장천 실패를 했다. 한 번도 성공한 적이 없었다. 실패는 없다, 시도만 있을 뿐이라고 했다. 그렇다. 나는 무수한 시도를 했다. 그러다 내 길을 발견한 듯하다.

인생은 그 순간 가장 자신이 재밌어하고, 가슴 부풀게 만드는 것을 하면서 살면 좋다. 대체 지금이 아니면, 그럼 언제라는 말인가? 내가 알게 된 가장 좋은 직업은, 취미가 일로 전환된 것이다. 인생은 사실 두려워할 것이 별로 없다. 맹자의 호연지기도 이걸 말하는 것이고, 예수가 말한 '두려워 마라'도 이걸 뜻하는 것이다.

다른 사람은 모르겠고, 나는 나만의 삶의 법칙을 찾았으니 그렇게 살면 된다. 이게 내 인생이기 때문이다. 자기 마음대로 할 수 있는 제 세상 하나를 만들 수 있으면 된다. 나는 이제 별로 기대하는 것도 없고, 그래서인지 요즘은 별로 실망하는 일도 잘 없다. 그냥 좀 시큰둥해진 것 같다.

그런데 관계에 취약한 면은 아주 많다. 이것은 나의 약점이니 어느 정도는 손을 볼 필요는 있겠다. 내가 존경했던 선생님께서는 사람은 자신의 강점을 바라보고 살아가라고 했다. 나도 나의 긍정성에 초점을 맞출 생각이다. 굳이 한 번 사는 인생, 잘하지 못하는 걸 걱정하며 살아갈 필요는 없지 않을까 생각한다.

강점과 인생에 대해 거의 다 이야기했다. 자기 인생의 소명과 초점이 정해지면, 삶은 그 프리즘을 통해 비춰지게 된다. 뭐 잘 되든, 안 되든 그건 별로 중요하지 않은 것 같다. 정말 중요한 건, 과정에 있다. 진정한 여행은 길 위에 있는 것처럼 말이다.

4

자기 왕국을 건설하기

　나의 신화를 만들어간다는 것은 나의 세계가 없는 평범한 삶에서 자신이 마음대로 할 수 있는 나의 세계를 창조함으로써 내 안에 신의 세계를 구현해가는 과정이다. 스스로 주도하고, 고난과 맞서고, 마침내 세상에 자신의 작은 왕국 하나를 건설해가는 이야기다. 성공과 실패가 하나의 물결처럼 서로를 교환하는 것, 승리의 환희와 패배의 모멸이 온몸을 휩싸는 일에 뛰어드는 것, 모든 신화는 바로 이 무수한 모험을 우리에게 보여준다. 그리하여 우리로 하여금 '나'를 찾아 떠나는 긴 여정을 시작하도록 부추긴다.

– 구본형, 『구본형의 신화 읽는 시간』

자기 길을 걷게 된 사람들, 그러니까 자기 마음대로 할 수 있는 작은 세상을 만든 사람들은 어떻게 자기의 왕국을 건설할 수 있었을까? 먼저 삼국유사 전문가로 유명한 고운기 선생님은 '나의 학문은 이 책 하나로 시작하고 끝을 볼 것이다.'라고 대략 말씀하셨다.

다음으로 조셉 캠벨이란 신화학자가 알려주는 방법은 '자신의 천복을 끝까지 좇는 것'이다. 이것이 무슨 말이냐 하면, 사람들은 보통 길을 가다 용기를 잃고 포기하곤 하는데 그럴 필요가 없다는 것이다. 왜냐하면, 자기 천복의 길을 걷는 사람에게는 주변에서 조력자가 끊임없이 나타난다. 그러니 두려워 말고, 가슴 떨리는 자신의 길을 가면 된다.

메시는 어떻게 축구에만 빠졌을까? 고흐는 왜 그림 그리는 것에 열중했을까? 그 비결은 간단하다. 그것이 하고 싶었기 때문이다. 우리가 자신의 강점을 찾아가는 비법도 어찌 보면 단순할 수 있다. 그걸 더 잘하고 싶어서, 더 잘할 수 있는 법을 궁리하다 보니, 실제로 더 잘하게 되고, 사람들에게 알려지게 되더라는 것이다. 그러니 자신의 욕망, 즉 내 안에 끓어오르는 마음을 발견하는 게 중요할 것이다.

그런데 많은 사람은 이렇게 살아가고 있지 못한 것 같다. 왜냐하면, 사회와 주변 사람들이 우리의 뒤통수를 따갑게 바라보기 때문이고, 또 당사자는 그걸 떨치지 못하기 때문이다. 자기 길을 갈 때는 어떠한 협박에도 두려워하지 않을 마음을 가져야 한다.

보통 사람은 남들이 많이 하는 일을 하려고 들고, 유명하고 잘 알려진 일만 찾으려 든다. 현명한 사람들이 말하길 유망 직종은 없다고 했다. 왜냐하면, 세상은 끊임없이 변화하기 때문이다. 간단한 예로 10년 전을 생각해보자. 지금과 같은 세상이 펼쳐질지 누가 예측할 수 있었을까?

존경했던 구본형 선생님은 차별화를 이야기하시며 '이곳에만 있는 무엇'이라고 하셨다. 진정한 혁신은 남들과 다르게 되는 것이다. 남들처럼 되는 것은 차별화가 아니라 동질화를 추구하는 것이다. 따라서 그것은 진정한 차별화가 못 된다. 오로지 자기 유전자에 내재된 특성을 따르는 길이 그것이다.

우리는 매여 산다. 직장에 매여 있고, 스스로 자기를 매여 논다. 어디를 가도 자유는 없다. 이것이 현대인의 숙명이다. 왜 아침에 일어나서 좋아하는 일로 하루를 시작할 수 없을까? 여기에 어떤 의문도 달지 않는다. 이 물음에 질문을 던질 수 있는 용기 있는 사람들만이, 미래에 자유를 맛볼 수 있다. 자기 가슴을 뛰게 만드는 일을 해야 우리는 행복할 수 있다. 그리고 제 좋아서 하는 일이니 매여 있지 않고 자유롭다.

남이 시키는 일을 하지 않으니, 이들은 다른 사람들과 다른 면모를 보인다. "뭐가 되어도 좋으니 평범한 보통 사람만은 되지 마라." 이 말은 바디샵의 창시자 아니타 로딕의 어머니가 그녀에게 남긴 명언이다. 그녀는 젊어서 히피처럼 세계를 떠돌았고, 결혼해서는 자기만의 사업을 시작했다. 결국, 제 좋아서 하는 일이니 자유롭게 된다.

5

취미를 직업화하기

취미가 직업이 되면 더 이상 취미가 아닐지도 모르지요. 그래요. 스트레스도 받고, 마감에 걸리기도 하고, 취미를 취미로서 즐기기 어려울지도 모른다고 생각하지요. 그런데 그게 기우예요. 자기대로의 방법을 가지게 되면 취미의 순수함을 유지하면서 평생 직업으로 쓸 만해요. 그러니까 너무 바쁘면 안 돼요. 그것으로 돈을 벌려면 안 돼요. 욕심 – 황금 달걀을 낳는 닭의 배를 절개하면 안 되지요. 하루에 한 알씩으로 만족하면 그 닭이 죽을 때까지 아마 매일 아침 아직 따뜻한 달걀을 닭장에서 꺼내오는 즐거움을 즐길 수 있을 것 같아요. 취미는 즐기는 것이니까요. 취미를 품삯으로 전락시키면 걱정한 대로 둘 다 잃게 될 것이고요.

– 구본형, 「고민 공감 Q&A, 취미와 직업」

우리는 자신이 타고난 자질을 모두 쏟아내는 것으로 충분하다. 꼭 세계적으로 유명한 사람들처럼 최고가 될 필요도 없고, 천재적일 수도 없다. 다만, 자기를 잘 관찰해보면 자신만이 즐기고, 좋아하는 일이 있게 마련이다.

그럼 그걸 놓치지 않고, 꾸준히 관심을 갖고 애정을 보이는 일이 중요하다. 가장 훌륭한 사람들은 취미를 직업화한 이들이다. 하고 싶은 일, 잘할 수 있는 일을 하며 우리는 살아갈 수 있다.

"내 꽃도 한 번은 피리라"라는 말은 작곡가 윤이상 선생님이 매우 어려울 때, 고생하는 아내에게 보낸 편지의 한 구절이라 한다. 나 또한 매번 어려운 삶을 살았기에 힘들 때 항상 위 구절처럼 말하길 좋아한다. 그리고 어려운 인생을 사는 사람을 만나면 즐겨 말해준다.

어떻게 살아야 우리의 강점을 모두 발휘하며 잘 사는 것일까? 나는 대중이 모두 가는 큰길을 말하는 사람은 못 된다. 내가 성공하지 못했기 때문이고, 증명하지 못하기 때문이다. 그런데 작은 오솔길로 가는 법은 이야기해줄 수 있다.

내가 좋아하는 신화학자도 길을 가다가 갈림길이 나오면 남들이 간 길은 그대의 길이 될 수 없다고 했다. 이게 유럽의 탄생이다. 그렇다. 그들 모험하는 기사들은 숲에서 남들이 가지 않은 길을 찾아 들어갔다. 그 길은 외로울 수 있고, 조금은 추울 것이다. 그런데 유행하는 직종을 선택하지 않은 사람들은 처음에는 힘들 수 있지만, 그들은 끝내 보상받게 된다. 자기 시간을 마음대로 쓸 수 있는 자유를 얻기 때문이다.

사람들의 대다수는 직장인이다. 그런데 지금은 1인 기업가도 많은 시대이다. 직장에 소속되어 있어도 회사와 개인적인 계약을 맺고 1인 기업처럼 활동하는 사람들도 많을 것이다. 나는 이들에게 할 말이 있다.

나는 내 꽃이 일찍 피지 못한 것에 관해 전혀 유감이 없다. 왜냐하면, 나는 나의 삶에 관해 어느 정도 정리가 되었고, 나의 인생 스토리를 반전 혹은 우여곡절로 짜놓았기 때문이다. 그러니까 나는 스스로 대기만성형 인물로 정립해두었다.

큰 그릇이 만들어지려면 오랜 시간이 필요한 게 당연하다. 그런데 나는 이것을 전혀 의도하지 않았는데, 내 삶은 나를 이쪽으로 인도했다. 그러면 당당하게 이 길을 걸어가면 되는 것이다. 그러니까 나 또한, 취미를 직업화하려는 대표적인 사람이란 것이다.

내 삶의 비전은 '상처와 후회를 딛고 자기 삶의 행복을 찾아가는 것'을 돕는 것이다. 힘들어하는 사람들을 내 글로 도울 수 있으면 좋겠다고 생각한다. 처음에는 상담심리대학원을 다니며 심리상담가로 그 일을 해보고 싶었다. 그런데 나는 상담가에 어울리는 사람이 못 되었다. 그리고 시간이 흘러 코치 쪽으로 그림을 그려보고 있다. 사람들의 마음에 불을 지피는 동기부여 혹은 자기를 좀 더 이해하여 행복한 삶으로 이끄는 운동을 해보고 싶기도 하다.

　그러려면 내 삶의 꽃을 먼저 아름답고 만발하게 피울 것이 요구되겠다. 나는 나부터 치유해줄 것이다. 그리고 내가 먼저 성장하는 길을 걸을 것이다. 그리하여 내 마음에 불꽃을 가장 먼저 피울 것이다. 그러면 내 글도 비슷한 고민을 하는 사람들에게 가 닿으리라 생각한다. 만약 이렇게 될 수 있다면, 나는 사람들에게 취미의 직업화를 진정으로 말할 수 있는 존재가 된다. 그리고 그것의 훌륭한 사례 또한 될 것이다.

12 Secrets of
Happy People

5

젊게
살아가는 법

청춘은 고뇌하는 것이니까.

방황이 젊음의 진정한 본질이다.

1

젊다는 건 무얼까?

그러니까 버릇이 없다는 말은 어른들끼리 만들어놓은 어떤 틀 안에 그 아이들이 아직 들어가지 않았다는 얘깁니다. 아이들은 버릇이 없어야 해요. 왜냐? 그렇게 태어났으니까요. 아이들이 버릇을 만들었나요? 그 버릇이 제조되는 과정에 아이들은 한 번도 참여해본 적이 없잖아요. 그리고 천둥벌거숭이인 '나'로 태어났어요. 그런데 사람들이, "너 왜 아직 '우리'가 아니냐?" 이렇게 이야기하지요. 그 아이들로 하여금 자신만의 혹은 자신들만의 새로운 '버릇'을 만들 수 있도록 기다려줘야 합니다.

— 최진석, 『인간이 그리는 무늬』

젊다는 건 무얼까? 그건 도전한다는 것이다. 아직 어리니까 실수해도 괜찮고, 실패해도 만회할 시간이 있다. 반대로 늙었다는 건 도전하지 않는 것이다. 그리고 내부만 바라보는 것이다. 젊은이들은 혈기가 왕성하고, 설레고 흥분되기에 외부를 향해 전진한다. 이 차이는 크다. 내부는 서열화시키고, 서로 싸움만을 할 뿐이다. 반대로 외부를 바라본다는 것은 함께 배를 만들어 더 넓은 세상을 향해 나아가는 것이다.

자신의 선택에 관해 책임질 수만 있다면, 자기가 편한 대로 살아가자. '애쓰지 마라. 결국 네 운명이 정해진 대로 살아가게 되리라.' 이말은 나의 마음을 대단히 편안하게 해준다. 우리는 결국 자기 생겨 먹은 대로 살아갈 수밖에 없게 돼 있다는 것이다. 법정 스님도 꽃은 자기 꽃을 피우면 되지, 남의 꽃과 비교하거나 다른 꽃을 피우려고 애쓸 필요가 없다고 했다.

그리고 좀 널찍하게 살자. 남들 눈치를 덜 보고 살자는 말이다. 사람들은 생각보다 남의 눈치를 엄청 많이 본다. 여기서 어른들은 어린아이들을 본받을 필요가 있다. 모든 현명한 지혜는 노인과 어린아이의 입에서 나온다 했다. 남에게 피해만 주지 않는다면, 우리는 자기 마음의 소리를 듣고 지르는 삶을 살아야 한다.

지금 시대에 세계에서 가장 일하기 좋은 기업은 개인의 창의성을 살려주는 회사들이다. 창의성이란 연결되지 않는 것을 연결할 수 있는 능력을 말한다. 이것은 집단성에서 나오지 않고, 이와 반대되는 개별성에서 발휘된다고 했다. 그러니까 들개처럼 떼로 몰려다니는 단체성에서 나오지 않고, 호랑이처럼 우뚝 자신을 지킬 힘을 가진 개인성에서 나온다.

또한, 자기 삶의 스타일을 이해할 필요가 있다. 사람이 언제 편해지냐면, 자신에 관한 오해가 모두 풀리고 자기가 이해될 때다. 그러니까 사는 방식, 말하는 스타일, 옷 있는 법 등이 일관화될 때 거기에 스타일이 따라오고, 한 줄로 꿰어진다. 이것은 공자가 말한 일이관지의 단계다.

자신과 직접 대면하게 된 사람들은 이제 주눅 들지 않는다. 왜냐하면, 자신이 자기 이외에 다른 사람이 될 수 없다는 것을 깨닫게 되었기 때문이다. 이때부터 이들은 자신의 하자나 약점에 신경 쓰지 않고, 오로지 강점 위주로 스스로 인식할 수 있게 된다. 어느 작가의 표현대로 '모두 섹시하자고 이 지랄들인데' 말이다.

그러니까 다 행복하게 살자고 사람들이 이 고생 중이라는 것이다. 행복한 척이 아니라, 진짜 행복하게 사는 사람이 행복에 관해 오해하지 않는다. 그리고 이들이 행복을 주변에 전파할 수 있다. 이들에게서 느껴지는 특성은 대단히 단순하고 명확한 인생을 살아간다는 것이다. 쉽게 말해 심플하게 사람들에게 인식된다.

대략 썼는데, 어린아이들에게서 우리가 답답하고 지루함을 느끼지 않는 이유는, 아이들은 남들의 눈치를 보지 않고, 자신의 룰에 더 집중해 있기 때문이다. 그러니까 자기 마음의 소리를 먼저 들을 줄 안다는 것이다.

그리고 어떻게 해야 하는지가 아닌, 즉 바람직함이 아닌, 자신이 되는 대로, 즉 생겨 먹은 대로 살기 때문에 삶이 복잡하지가 않다. 이 단순성과 천진성에 답이 있는 것 같다. 오늘 하루 나의 삶 또한 그러했기를 기대한다.

2

불행을 찾기 위해서

불행은 집을 나오면서부터 시작한다. 집을 떠나서 트로이에서 10년
간의 전쟁을 치러야 하는 오디세우스는 집으로 돌아가기 위해서 또
10년을 보내게 되는데, 그 과정이 곧 오디세우스의 삶의 절정이었다.
고난은 천둥과 번개, 그리고 바람과 파도로 그의 배를 깨뜨리고, 게걸
스럽게 인간을 먹어치우는 괴물들의 입속에서 벗어나 살아남아야 하
는 것으로 상징되었다. 유혹에 빠지고 사랑에 매이지만 다시 항해를
시작해야 한다. 삶이 시작되어 죽을 때까지 고향을 떠나와 다시 고향
으로 되돌아갈 때까지 우리는 삶이라는 두려움과 모험에 찬 여정을
살아내야 한다. 그런 의미에서 오디세우스의 모험은 영웅의 삶이 아
니라 평범하기 이를 데 없는 모든 인간의 인생과 다를 바 없다.

- 구본형 칼럼, 「작가들 - 성스러운 변형을 찾아 나선 모험가들」

젊은이는 집을 나가야 한다. 그래서 자기만의 공간과 영역을 가져야 한다. 원시 시대만 해도 20살 전에 모두 집을 나갔다. 이게 인간의 본능적인 모습이다. 그런데 문명화되고 사회화되면서 지체 현상이 일어나기 시작했다. 나도 대학을 진학했기에 집을 떠났지만, 진정으로 부모님에게서 정서적 독립을 이룬 것은 아니었다.

왜 20대는 집을 떠나야 하나고? 바로 독립하기 위해서다. 독립하지 않고 어른 못 된다. 정서적 및 경제적 독립을 이룬 상태를 우린 어른이라고 부른다. 내가 좋아하는 제임스 조이스의 『율리시스』라는 책에 보면 이런 대화가 나온다. "자넨 왜 아버지의 집을 떠나왔나?" "불행을 찾기 위해서지요." 그렇다. 불행이란 운명을 자신의 손으로 개척해 나간다는 걸 의미한다.

한국에 이런 청춘이 많을까? 안타깝게도 독립을 하지 못한 젊은이가 지천이다. 한국 사회가 신선하고 싱싱하지 못한 이유도 청춘이 제대로 뻗어나가는 삶을 살지 못하고 있기 때문이다. 젊음이란 무엇인가? 이것에 대해 서너 가지 답변을 할 수 있지만, 내 언어로 말하자면, 그건 이뤄질 수 없는 걸 갈망하는 것이다. 무슨 말이냐고?

트리스탄과 이졸데의 사랑이 있다. 트리스탄은 삼촌의 배필을 데려오는 임무를 맡았다. 그 여자가 바로 이졸데다. 그런데 이들은 배를 타고 오다, 우연히 사랑의 묘약을 나눠 마시게 된다. 이때 트리스탄이 사랑의 열망에 빠져 내뱉은 말은 이렇다. "사랑 때문이라면 지옥에 떨어져도 좋다."

이게 우리가 한 번뿐인 젊음에서 겪고, 토해야 할 문구라고 생각한다. 가슴이 아프지 않으면 그건 제대로 사랑한 게 아니다. 사랑은 곧 슬픔이기 때문이다. 슬픔은 곧 인생의 본질이다. 따라서 사랑을 해보지 않은 사람은 인생을 산 게 아니다.

그게 무엇이어도 좋다. 살다 보면 우리의 마음을 건드리는 것을 만나게 된다. 우리 가슴을 뛰게 하는 것, 설레게 하는 것, 결국 잠 못 이루게 만드는 것. 청춘의 시절에는 그것을 만나야 하고, 그것에 뛰어들어야 한다. 그래서 불행해질지언정, 그것을 체험해봐야 한다. 왜냐하면, 고뇌하고 방황하는 것이 젊음의 본질이기 때문이다.

인생은 그때 그것을 해야 하는 것으로 꾸며져 있다. 그러지 못하면 뒤에 후회와 번민을 남기기 때문이다. 따라서 용기 있는 젊음은, 제때 그것에 뛰어든다. 아무런 미련을 남기지 않고, 모든 걸 불태운다. 모두 태운다는 것, 즉 완전연소한다는 것, 이게 잘 산 것이다.

혹여 그 선택으로 인해 불행해진다고 하더라도 전혀 걱정할 필요가 없다. 불행한 사람만이 행복을 추구하기 때문이다. 따라서 불행은 행복을 불러온다. 자신이 불행하다고 자각하지 못하는 사람은 행복할 수 없다. 인생은 역설로 엮여 있다. 멀리 가면 곧 돌아오게 마련이고, 서쪽으로 가면 결국 동쪽으로 이어진다. 비우면 채워지고, 구부려져 있어야 곧게 펴진다. 선의 선사로 잘 알려진 혜능은 이걸 이렇게 풀이했다. "우리의 순수한 정신은 타락한 정신에 있다."

　모두 좋다. 그런데 하나 남은 문제는 에너지에 관한 것이다. 불행은 우리를 오랫동안 우울과 실패감에 젖게 만든다. 이때 필요한 게, 열정과 동기부여, 즉 생의 에너지다. 모든 사람이 이 우울을 건너오는 것은 아니다. 자신의 삶을 바로잡으려는 의지가 있는 사람 혹은 생의 열망을 모른 체하지 않을 용기가 있는 사람이 가능하다.

3

창조적 괴짜 되기

이들은 아이들처럼 길들여지지 않는 호기심으로 가득 찬 눈을 가지고 있다. 특별한 것을 만들어낼 수 있는 사람들은 바로 이런 괴짜들이다. 회사에 이런 사람들이 얼마나 많은가? 이제 경영자는 기업의 괴짜 지수가 얼마나 되는지 물어야 할 때다. 그들을 앞세우지 않고서는 차별화를 이룰 수 없기 때문이다. 아이들과 마찬가지로 괴짜들은 사회화가 덜 되어 있는 사람들이다. 이들은 다른 사람이 기대하는 대로 생각하는 대신 자신의 머리로 스스로 생각할 줄 아는 사람들이다. 괴짜는 문제를 해결하는 사람들이기도 하지만 대부분 먼저 문제를 제기하는 사람들이다.

— 구본형, 『오늘 눈부신 하루를 위하여』

우리는 어떻게 해야, 잃어버린 젊음을 되찾아올 수 있을까? 그것은 간단하다. 관료주의적인 사회 분위기를 바꾸면 된다. 한 마디로 줄 세우고, 수직적이고, 권위적인 조직의 모습에 변화를 주면 된다.

그러려면 중간 자리에 있는 사람들이 제 역할을 해야 한다. 조직에서 그들은 관리자로서 위치한다. 이들이 깨어나지 않고는 창의적인 조직이 되기 힘들다. 그런데 하나의 방법이 있다. 그게 뭘까?

바로 신입과 괴짜들의 기를 살려주는 것이다. 신입은 어차피 처음이니 눈치 볼 필요가 없다. 따라서 이들은 원래 구태의연한 사고방식을 갖지 않고 있다. 이들 다수가 젊은이들이기에 아직 길들여 있지 않다.

그런 상태에서만 창의력은 쏟아지고, 인문학적인 감을 높일 수 있다. 그리고 괴짜들은 원래 매 순간 시뻘겋게 살아 있다. 이들은 막고 누르지만 않으면 조직에 신선한 공기를 불어 넣는 존재들이다.

2000년대 이전만 하더라도 기성세대들은 똑같은 복장을 하고, 똑같은 생각만 하고 살았다. 그 복제의 공해가 지겨울 정도였다. 그 시대의 직장인들은 99퍼센트가 그랬다. 그때에도 창의적인 신입과 괴짜들, 그러니까 극소수의 1퍼센트가 있었다.

현재는 기술과 과학의 발달로 워낙 세상의 변화가 빨라, 그 정도가 확연히 달라졌다. 이제는 모두 옷을 다르게 입고, 생각도 저마다 다르다. 물론 이것은 선진국의 모습이고, 한국은 아직 과도기에 있는 듯하다.

창의성이 현시대 인재의 제1 요소가 되었다. 이것은 개별성에서 나오고, 젊은이들이 잘 발휘하는 것이다. 그러니까 젊은 사람들만 창의할 수 있다. 늙어서 기득권의 보수적 태도로는 이 시대를 이끌어나갈 수 없다. 여기서 젊다는 것은 나이를 의미하는 것이 아니라, 정신적 자세를 나타낸다.

『역발상의 12법칙』(혁신적인 기업이 될 수 있는 방법)이란 책이 있다. 내용은 한국의 직장인이 보기에는 말 그대로 쇼크일 것이다. 왜냐하면, 한국은 아직도 후진국형의 조직 형태에 속하기 때문이고, 많은 회사는 따라 하기를 아직도 많이 하고 있기 때문이다.

그런데 이제 선진국으로 도약하려면 창의성이 중요하다는 걸 깨달아야 한다. 창의성은 개별성에서 나온다. 조직으로 뭉치면 창의성은 저해 받는다. 그러므로 괴짜처럼 아이디어를 샘솟듯이 퍼내고, 톡톡 튀는 사람을 뽑아야 한다. 위 책에서는 그런 점을 강조한다. 면접에서 그 사람이 가장 크게 발휘했던 아이디어를 봐라. 그리고 조직 문화에 잘 적응하지 못하는 사람을 뽑아라. 다른 성격을 가진 다양한 사람들이 부딪히며 해결책을 찾아갈 때 조직은 창의적일 수 있기 때문이다.

그리고 이들은 장인이나 시어머니가 사위나 며느리로 삼고 싶어 하는 부류의 사람이 아니다. 기존의 방식대로 생각하지 않고, 자신의 머리로 스스로 생각할 줄 아는 사람이기도 하다. 조직에 창조적 괴짜 지수를 이제 물어야 하는 시대다. 이들 창조적 괴짜를 앞세우지 않고는 변화하는 환경에 제대로 대응하기 어렵다. 이들은 원래 변화하길 좋아하고, 새로운 것을 즐기는 성향이 있다. 한국의 조직이 세계적인 회사로 거듭나려면 이들을 받아들이지 않고는 이제 힘든 시대가 됐다.

4

우연을 받아들이기

그런 관점에서 본다면, 이 세상에서 일어나는 일이 우연지사가 아닌 게 어디 있어요? 이것은 우연을 받아들이는 자세가 되어 있느냐 여부와 관련되는 문젭니다. 삶의 궁극적인 배경은 우연입니다. 가령 우리 부모가 서로 눈이 맞는 것부터가 우연이지요! 우연, 혹은 인연이라고 합시다. 깨달음이라고 하는 것도 이걸 통해서 와요. 중요한 것은 이걸 탓하거나 이걸 설명하려고 하지 말고 여기에서 생기(生起)하는 삶과 대결하는 겁니다. 어디에선가 전쟁이 터지면 젊은이들은 징집을 당하겠지요. 그러면 바로 이 우연지사와 함께 5~6년은 족히 썩어야 하겠지요. 이런 경우에 내가 충고해주고 싶은 것은, 징집 당했다고 여기지 말고, 자발적으로 참여한 것으로 '여기'라는 겁니다. 이렇게 하면 우리 의지의 참여를 유도하는 것도 가능해집니다.

— 조셉 캠벨, 『신화의 힘』

젊은이의 대표적인 특징이 삶의 우연적 요소를 받아들인다는 것이다. 인생이란 것 자체가 우연으로 짜여 있다. 따라서 젊은이의 마음을 지닌 사람이 인생을 잘 살 수 있는 것이다. 인생을 자주 여행에 빗대어 이야기하는데, 여행은 어디에 도착하는 게 목적이 아니다. 여행은 그저 길 위에서 보고 맛보고 느끼는 것이다. 그러니까 삶은 그 자체가 목적인 것이다.

파르치팔의 일화가 아주 인상적이다. "무슨 일이 일어났는지 모두가 알고 있지만 파르치팔만 모른다. 왕은 손님에게 한 자루의 칼을 선물한다. 그것은 결정적인 순간에 부러지는 칼이다. 그가 결정적인 순간에 부러진 것처럼……. 그에게 외치는 소리가 들린다. "어서 꺼져라, 이 멍청한 놈!" 여러분은 아마도 바그너의 "파르치팔(Parsifal)"에서 이 대사를 들은 기억이 있을 것이다.

파르치팔은 그 뒤 5년 동안 그 성으로 돌아가려고 노력한다. 자신이 어디에 있는지, 무엇을 하고 있는지도 모른 채 말을 타고 다니며 사람들로부터 욕을 먹는다. 한편, 아서의 궁정에서는 이 뛰어난 젊은이를 찾는 일을 계속하고 있었다. 초겨울의 어느 날 아침, 파르치팔은 말을 타고 성을 찾고 있다. 보이지 않는다. 성은 바로 그곳에 있고 그도 바로 그곳에 있지만 그에게는 성이 보이지 않는 것이다."

나에게도 그런 순간이 있었다. 누구에게나 일어나는 흔한 일이었지만, 난 그 순간이 도저히 용납되지 않았다. 그래서 정신 줄을 놓아버렸고 미치게 된다. 그다음 일은 뻔했다. 대략 10년 동안 여기 가면 욕을 먹고, 저기 가서는 쫓겨나는 삶의 연속이었다. 그런데 희한하게도 나는 그런 삶이 싫지 않았다. 왜냐하면, 내가 의도한 인생이었기 때문이다.

세계적인 신화학자 조셉 캠벨은 말한다. "내 의식이 제대로 된 의식인지, 아니면 엉터리 의식인지 모르겠다. 내가 아는 존재가 제대로 된 존재인지, 아니면 엉터리 존재인지 모르겠다. 그러나 내가 어떤 일에 천복을 느끼는지 그것은 안다. 그래, 이 천복을 물고 늘어지자. 이 천복이 내 존재와 의식을 데리고 다닐 것이다."

그리고 난 존경했던 구본형 선생님이 말한 바를 안다. "끝까지 가라. 그 길의 끝에서 모든 길은 하나로 연결된다." 나는 내 인생의 북극성은 놓지 않을 생각이다. 그런데 가끔 정신 줄은 놓을 생각은 있다. 끝까지 가되, 그 길을 가는 방식은 자유로움을 추구할 것이다.

또한, 난 딴지총수 김어준 씨의 강연 중에 인상 깊게 들은 "하고 싶은 대로 하고 사세요. 졸라 짧아요, 인생."이라는 말을 기억하고 있다. 인생이란 게 계획대로 될 리가 없으니, 그저 닥치는 대로 이 순간의 행복을 추구하며 살라는 것이었다. 그리고 내 마음을 시원하게 해주는 내용인 "네 맘대로 하라는 거지. 네 맘대로 해도 된다는 거지." 이것은 나에게 카타르시스를 불러 일으켜줬다.

　마지막은 요즘 많이 생각하는 의리다. 한 번 인연이 맺어지면 끝까지 가야 한다는 것이다. 내 인생에서 사건이 하나 터지면, 그건 끝없이 연쇄 고리를 잇고 끝까지 가는 것이다. 나는 아직 큰 사건에는 들지 못했지만, 뭐 작은 사건이면 어떠하랴. 나는 그 사건의 전모를 기억하고 체험했다. 그리고 친구가 없어 혼자이면 어떠하랴. 내 편한 대로 있는 그대로 살면 되는 것이다. 그리고 그게 나와 정말 어울리는 삶이라면 그 인생을 놓아주고 싶지도 않다.

　나는 끊어지고 싶지 않다. 물론 무용의 용처럼 쓸모없는 것은 없지만, 그래도 오늘 빠져 있는 것이 내일의 성취로 연결되는 삶을 살고 싶다. 그렇다고 당장 성과를 바라고 한 몫 챙겨 도망칠 생각은 없다. 난 인생을 장기전으로 본다. 내 인생은 어쩔 수 없이 대기만성형이 되었다. 의도하지 않은 자유만큼 편안한 것도 없다.

5

'예'라고 답하기

나는 사람들이 인생 문제들에 대해 불충분하거나 잘못된 해답으로
얼버무릴 때 신경증이 되는 경우를 자주 보아왔다. 사람들은 지위, 결
혼, 명성, 외적인 성공, 재물을 추구한다. 하지만 그들이 추구하는 것
들을 소유하게 되었을 때조차 사람들은 여전히 불행하고 신경증을 앓
는다. 그런 사람들은 대개 너무나 좁은 정신적인 한계에 갇혀 지낸다.
그들의 삶에는 흡족한 내용과 의미가 없다. 그들이 좀 더 폭넓은 인격
으로 발달할 수 있다면 신경증은 보통 사라진다. 그런 이유로 인격발
달이라는 관념이 나에게는 처음부터 가장 중요한 의미를 지니게 되었
다.

― 카를 융, 『카를 융 기억 꿈 사상』

사랑에 관해 많은 사람이 '교통사고처럼 벌어진다', '갑자기 찾아오는 것이다.'라고 말한다. 젊다는 것은 이처럼 세상에 열려 있다는 것을 의미하기도 한다. 우리가 사람에게 마음이 향해 있지 않으면 사랑에 빠질 수 없다. 설혹 사랑한다, 하더라도 그것은 진짜가 될 수 없다. 젊게 산다는 것은 그러니까 어찌 보면, 상처를 입을 수도 있고 아픔을 감내해야 하지만, 그것에 뛰어드는 용기다.

어둠이 깊을 때 밝음이 찾아오듯이, 새벽이 깊을 때 밝은 아침이 오는 법이다. 내 경우도 마찬가지인 것 같다. 한때 내 삶은 무척 괴로웠고, 벗어나고 싶었지만, 고집이 상당히 셌던 나는 그냥 견뎠다. 그리고 결국 찾게 된 곳이 주변의 정신건강의학과였다. 머리가 너무 아파서 가지 않을 수 없었다.

분석심리학자 칼 융은 우리가 신경증을 앓게 되는 게 경험해야 할 고통을 회피한 대가로 그 증상에 빠진다고 했다. 내 경우도 마찬가지였다. 그때까지의 삶이 너무 힘겹게 느껴졌는지 나는 이제부터는 인생을 쉽게 살고자 생각했다. 그런데 그런 나의 마음이 지각 있는 삶으로부터 나를 멀리 떨어지게 한 것 같다.

더욱 단순하고 명확한 삶은 쉬운 삶으로부터 오지 않는다. 그것은 우리가 겪어야 하는 인생의 어려움을 체험한 다음에 찾아오는 인생의 보물이다. 옛 격언에도 이런 말이 있지 않은가? "너희는 앞서간 이들이 겪은 고통도 경험하지 않고, 지복의 낙원에 들어가기를 바라느냐?" 내 경우에도 마찬가지다. 힘든 경험을 하지 않고, 쉬운 삶이자 저절로 풀리는 인생을 기대했으니 얼마나 어리석은 결정이었는가?

정신의학자 스캇 펙이 정리한 삶도 위의 글과 같다. 그는 우리가 인생이 고통이라는 것을 쉽게 잊는다고 했다. 그러면서 자기의 인생만 힘들다며 사람들은 아우성이라는 것이다. 인생은 결코 쉬운 게 아니며, 복잡다단한 사건들로 이뤄져 있다는 걸 인정하고 받아들이는 사람들에게는 이제 인생이 어렵게 다가오지 않는다. 왜냐하면, 그들은 삶에 관해 스스로 답할 준비가 되어 있기 때문이다.

현재도 나는 갖은 고민에 빠져 있다. 또 그게 지금 나의 있는 그대로의 모습이다. 난 인생에 대해 언제나 "예"로 답하기를 기대한다. 그래서 지금 쉬운 삶으로 물러날 수도 있는데, 용기를 갖고 도전하는 인생으로 가닥을 잡았다.

나는 결국 해낼 것이다. 이것이 내가 신화 책을 읽고 알게 된 사실이기 때문이다. 영웅은 처음에 꾐에 빠져 모험을 떠나지만, 모험의 여정에서 갖은 고난과 고통을 겪으며 진정한 영웅으로 재탄생하게 된다. 내 경우도 현재 힘든 일이 지천이고, 내가 어깨에 짊어진 짐의 양이 상당하지만, 나는 이겨낼 것이다.

헤라클래스의 12가지 과업이란 신화 이야기가 떠오른다. 헤라클래스라는 영웅에게 현실적으로 처리할 수 없는 막대한 일이 맡겨지지만, 영웅 헤라클래스는 결국 그 과업을 해치운다. 그리고 영웅으로서의 면모를 보여준다. 그 과정에서 드라마틱한 인생의 이야기가 만들어지는 것이다.

평범한 인생 스토리는 재미없다. 그런 길로 가지 말자. 조금 고되기는 해도, 우리 비범한 자의 삶의 이야기를 만들어내자. 내가 좋아하는 바디샵의 창시자 아니타 로딕의 어머니가 한 말이 인상 깊다. "무엇이돼도 좋으니 제발 평범한 보통 사람은 되지 마라."

12 Secrets of
Happy People

6

나를
발견하는 법

내가 어떨 때 편안하고

행복한지 알게 되면,

나답게 살게 된다.

1

진짜 나는 누구인가?

    진짜 자기를 발견하려면 낡은 자신을 죽여야 한다. 자신에게 물어보자. 내가 누군가인지, 나를 구성하는 것들이 남들이 준 것이거나 사회에서 온 것인지 아니면 내가 생산한 것인지? 장자는 전혀 새로운 세계를 맞이하려면 우선 '자신을 장례 지내야'(吾喪我)한다고 했다. '자기 살해'이다. 외부의 것들로 채워진 낡은 자기와 결별하지 않고는 절대 새롭고 진실한 자기를 만날 수 없다. 예수나 부처가 왜 그렇게 회개와 참회를 강조하는지 알 수 있다. 자기 살해는 남들과 공유하는 가치와 이념으로 꽉 채워진 폐쇄적인 자기를 벗어나 개방적 자아로 깨어나는 것이다. 자신만의 욕망으로 자기를 새롭게 건설하는 순간이 바로 황홀경이다. 그래야 자신이 진짜 자기로 등장한다.

    — 최진석 인터뷰, 「이길우의 人사이트 '젊음이여 황당무계하게 살아라'」

'나는 누구인가?'라는 질문은 세상에서 가장 유명하고, 사람들이 많이 던지는 물음이다. 그리고 이것은 철학의 시발점이기도 하다. 즉 자기 자신의 가치관을 이해하는 데 결정적인 힌트가 된다.

난 늦된 사람이라 대학 3학년이 되어서야 본격적으로 이 질문을 나에게 던지기 시작했던 것 같다. 그때가 나를 둘러싼 기존의 환경에서 벗어나, 즉 단독자로서 신 앞에 서서 오로지 나로서 존재하는 내가 누구인가를 물었다. 그리고 오랜 방황이 시작되었다.

대문호 괴테가 말했다. "인간은 노력하는 한 방황한다." 그렇다. 제임스 조이스의 말마따나 젊은 우리는 불행을 찾기 위해서 집을 뛰쳐나오는 것이다. 자기 자신의 단독자로서 고독을 맛보지 않은 사람이 도달할 수 있는 행복은 없다. 난 다행히 젊어서의 방황을 거쳐 20년 후인 지금에는 어느 정도 행복해졌다.

철학자 최진석 선생님은 젊은이들에게 황당무계할 정도로 큰 꿈을 품고 살아가야 한다는 말씀을 하셨다. 서양이 동양을 앞설 수 있었던 것도 그들의 꿈의 크기가 우리보다 훨씬 컸기 때문이다. 보통 서양 신화가 동양보다 황당무계하기 이를 데 없다. 그래서 서양은 동양보다 새로운 것을 창의할 수 있었고, 지금까지 세계를 선도했다.

예나 지금이나 젊은이들은 버릇이 없다. 그래서 그들은 기존의 것에 불편함을 느낀다. 나를 찾기 위해서는 이 물음이 중요하다. 젊은이가 세상에 대해 잘 적응하고 산다면 이것은 어떤 면에서 문제가 있는 것이다. 사회 전체가 그렇다면 분명히 이것은 어떤 징후를 나타낼 것이다.

그러면 나를 향한 질문을 던지기에 가장 도움이 되는 것은 무엇일까? 첫째는 책이다. 나 또한 책과 친해지면서 "나는 누구인가?"라는 질문을 스스로에게 많이 던졌던 것 같다. 왜냐하면, 책은 자기를 돌아보고 사유하게 만들기 때문이다. 대학 때의 난 친구도 많이 없어, 책을 보는 시간이 상당히 많았다. 그때는 외로웠지만, 나이가 들어 돌아보니 꽤 괜찮은 시절이기도 했다.

다음은 여행을 손꼽는다. 사람들은 젊은이에게 여행을 떠나라고 말한다. 낯선 이국의 땅을 체험하며 자기를 돌아보는 것만큼 자신과 한국을 잘 이해할 수 있는 것은 없을 정도다. 해외 여행하면 딴지총수 김어준 씨가 유명하다. 그는 등 기댈 데만 있어도 집을 나오고, 시간적 여유가 조금만 있어도 여행을 떠나라고 외치는 사람이다.

나는 신체적인 제약과 공부를 한다는 핑계로 젊은 시절 대부분을 도서관에서 보냈지만, 20대 후반에 떠난 여행은 신비로웠다. 그때는 내 삶에서 가장 정신을 놓고 살았던 혼비백산의 시절이었지만 낯선 땅에서 매번 새로운 것과 만나는 시간은 신기했고, 즐거웠다. 그렇다. 젊어서는 즐거운 것을 찾아야 한다. 나를 찾는 이유도 바로 남은 생을 즐겁게 살기 위해서다.

젊은이에게 여행만큼이나 끌리는 것은 연애다. 사랑은 사랑할 수밖에 없기 때문에 빠지는 것이다. 나는 이런 사랑이 좋고, 우리가 젊어서 하는 사랑이 그렇다. 이때는 계산하지 않기 때문에 애인과 연애하며 우리는 자신의 새로운 면을 깨닫는다. 왜 이렇게 내가 즐거운지 혹은 치사해지는지 등을 알게 된다. 그러면서 자신의 좋은 점을 발견하고, 생겨 먹은 대로의 자기 역시 만나게 된다.

2

나를 둘러싼 사람들

옛 사람들은 물에다 얼굴을 비추지 말라고 하는 '무감어수(無鑑於水)'의 경구를 가지고 있었습니다. 물을 거울로 삼던 시절의 이야기입니다만 그것이 바로 표면에 천착하지 말라는 경계라고 생각합니다. '감어인(鑑於人)'. 사람들에게 자신을 비추어 보라고 하였습니다. 사람들과의 사업 속에 자신을 세우고 사람을 거울로 삼아 자신을 비추어 보기를 이 금언은 요구하고 있습니다. 사람들의 어깨동무 속에서 흔들리지 않는 바위처럼 살아가기를 요구하고 있습니다.

— 신영복, 『나무야 나무야』

자기를 발견하는 것의 첫 번째 힌트가 있다. 바로 자기 주변을 둘러 싸고 있는 사람들의 정체를 바로 바라보는 것이다. 우리는 가족과 친척은 모르겠지만 결국 자신이 좋아하는 부류의 사람들과 친해질 수밖에 없다. 우리 옆에 있는 친구와 지인은 어떤 사람들인가? 좋아하는 직장 동료는 또 어떤 성격인가? 이렇게 하나씩 주변 인물들에 관해 질문해 보면 자신에 관해 접근할 수 있다.

친구를 보면 그 사람을 알 수 있다고 했다. 친구란 누구일까? 나의 부름에 따른 영혼의 메아리가 울려 나와 가까워진 사람을 의미한다. 그러니까 친구란 곧 나의 분신이자 나 자신이다. 좋은 친구라면 그 사람에게 스승이 되어줄 수 있어야 한다. 이탁오란 사람이 "친구가 될 수 없으면 진정한 스승이 아니고, 스승이 될 수 없으면 진정한 친구가 아니다."라고 말했다.

우정의 핵심은 정말 마음에 드는 친구를 만났으면, 자신을 갈고닦는 게 전제되어야 한다고 했다. 그러니까 우정은 저절로 가만히 있으면 뚝딱 만들어지는 관계가 아니다. 그 사람의 마음에 항상 나를 대입해보고, 아름다운 모습으로 담겨 있을 때 그 관계가 좋은 친구 사이일 것이다.

친구란 억지로 맺는다고 되는 게 아닌 듯하다. 내가 좋아하는 책에서 말하길 친구와 연인 관계는 일종의 액세서리라고 하더라. 그러니까 필수품이 아니라 부가물인 게 친구와 연인이다. 그러니 그 관계는 내가 주도할 수 있다. 누군가에게 좋게 보이기 위해서거나 그 사람을 돕기 위해 우리는 그 관계를 맺는 게 아니라는 것이다. 친구와 연인은 오로지 나의 선택에 따라 내가 원하는 사람과 사귀는 관계이다.

그러니까 좋은 관계를 맺기 위해서라도 자신에 관한 생각이 정리되어 있으면 좋다. 한 예로, 법정 스님은 어느 날『어린 왕자』란 책을 매우 인상 깊게 읽고, 그 책을 지인들에게 지금까지 많이 선물해 주었다고 한다. 그러면서 하시는 말씀이 "『어린 왕자』를 읽고 그 순수성과 단순함에 매료되는 사람은 자신과 가까워질 수 있고, 그렇지 못한 사람은 자신과 인연이 맞지 않는 사이다."라고 하셨다.

그리고 공자는 '성인지미(成人之美)'라는 말을 남겼다. 그 사람의 아름다움을 먼저 이루어주는 관계가 좋은 관계라는 것이다. 이 말은 다른 사람을 먼저 세워주는 사람이 좋은 사람이라는 것과 같다. 나의 친구가 먼저 아름다움에 이르면, 그 울림이 나에게도 전해지기 때문에 마음을 나누는 좋은 관계가 될 수 있다.

친구는 서로 만나서 즐거운 관계이다. 나도 즐겁고 너도 즐겁고, 이것이 되는 관계가 최상의 모습이다. 친구는 그저 만나서 즐거운 사이다. 한쪽이 관계를 위해 자아를 내놓거나 양보하는 사이는 좋은 친구의 모습이 아니다. 막역한 사이란 이런 관계를 두고 하는 말이다. 이런 친구가 있으면 자기를 발견할 수 있게 된다.

사랑 또한 마찬가지인 것 같다. 연인을 위해 내가 변하거나 혹은 연인이 나를 위해 바뀌어야 하는 관계는 좋은 사랑일 수 없다. 내가 나인 채로 연애할 수 있는 관계가 좋은 연애일 것이다. 사람은 변하지 않는 존재라고 했다. 연애는 사랑이란 감정으로 타인에게 선을 넘으려는 우를 범하는데, 연인이 타인이라는 걸 인정하지 않고는 아름다운 사랑을 하기 힘들다. 연인을 통해서도 자기 발견을 이룰 수 있다.

3

훌륭한 스승의 안내

좋은 코치는 선수에게, 팔은 어떻게 움직여야 한다, 다리는 어떻게 움직여야 한다는 등의 구체적인 지시는 하지 않아요. 좋은 코치는 선수가 달리는 것을 가만히 보고 있다가 선수의 천성적인 동작 양식만 조금 수정해줍니다. 좋은 스승은 제자가 하는 양을 가만히 보면서 그 제자에게 무엇이 가능한가를 알아냅니다. 좋은 스승은 충고를 할 뿐 명령은 하지 않습니다. "나는 이렇게 했다, 그러니까 너도 이렇게 해야 한다"는 식의 명령은 제자들에게 도움이 안 됩니다. 그렇다고 해서 가만히 있는 게 좋은 스승이 되게 한다는 뜻은 아닙니다. 이따금씩 말을 해줌으로써 실마리가 될 만한 것을 던져주어야 합니다.

— 조셉 캠벨, 『신화의 힘』

내가 나를 결정적으로 이해하게 된 순간은 훌륭한 선생님을 만나고 나서였다. 그러니까 혼자 외롭게 고립돼 있던 나의 손을 잡아준 인물이 있었다. 그 선생님 덕분에 나만의 세계였던 알을 깨고 나올 수 있었다. 그 당시에는 무서워 벌벌 떤 기억만 있다. 당시의 나는 결정적인 선택의 기로에 서 있었다.

　나만의 욕망을 분출하는 삶을 살 것인가, 아니면 합리적 이성의 길을 따를 것인가라는 선택하기 힘든 지점에 놓여 있었다. 결과는 10년의 혼돈스러운 삶으로 이어졌지만 그때의 내 선택에 관해 후회하지는 않는다. 왜냐하면, 모든 일은 좋게도 결과하고 나쁘게도 이끌기 때문이라는 것을 이해했기 때문이다.

　그때 인생이 꼬이지 않았다면, 나는 보다 안정적이기는 하겠지만 나를 좁은 범주에 집어넣고 살아가게 됐을 것이다. 그런데 그 시기 덕분에 나는 불안정하기는 하지만, 더욱 나 자신을 큰 틀 속에서 이해할 수 있게 된다. 그리고 그나마 난 나의 마음을 놓을 수 있게 됐고, 여유도 좀 더 갖게 되었다.

　훌륭한 스승의 일화에 항상 등장하는 예가 있다. 바로 남전이라는 중국의 걸출한 선승의 이야기다. 그에게는 조주라는 훌륭한 제자가 있었다. 이 둘은 더할 나위 없이 죽이 잘 맞았다. 오경웅의 『선의 황금 시대』 속에는 아래와 같은 멋진 사례가 나온다.

"조주는 처음에 절의 화부로 일했다. 어느 날 그는 부엌문을 꼭꼭 닫고 연기가 가득하도록 불을 피웠다. 그리고 큰 소리로 외쳤다. "불이야 불. 사람 살려." 이 고함 소리에 절이 발칵 뒤집혀 모두들 부엌문으로 몰려들었다. 조주가 부엌 안에서 소리쳤다.

"그대들이 바른 말을 하지 않는다면 이 문을 열지 않겠다." 대중들은 놀라 입을 다물고 있었다. 그때 스승 남전이 다가와 말없이 문틈 사이로 열쇠를 건네주었다. 그러자 조주는 문을 열고 나왔다." 이 일화가 의미하는 바는 정확하지 않다. 그러나 조주의 이 행위를 오경웅은 아래와 같이 풀어놓았다.

이것이 바로 조주가 심중에 두고 있던 '바른 말'이었으며, 그래서 그는 곧 문을 열고 나왔다. 깨달음이란 결국 '바른 말'을 계기로 마음의 문을 여는 것이 아니고 무엇이겠는가? 화부는 열쇠가 없어도 혼자서 문을 열고 나올 수 있었다. 스승이 문틈으로 열쇠를 건네주기는 했지만 사실상 문을 여는 데 실질적인 도움을 준 거라곤 없다.

스승의 행동은 마음의 소리에 대한 메아리에 지나지 않는다. 역대 선사들이 수많은 제자를 깨달음으로 인도하는 데에 많은 역할을 했지만, 자신의 공로를 자랑하지 않는 이유가 바로 여기에 있다. 제자들이 스스로 깨닫지 않으면 안 되기 때문이다.

그 후 조주는 홀로 수행하며 건실한 선종의 인물이 된다. 그의 말이 담긴 조주록에는 훌륭한 예화가 많이 등장한다. 그는 제자를 가르칠 때 같은 말을 되풀이하지 않았다. 그만큼 살아 있는 신비의 언어로 제자들을 깨달음의 세계로 인도했다. 제자는 스승을 넘어설 수 있어야 한다. 그래야 스승을 빛낼 수 있고, 제자 된 도리를 하게 되는 것이다. 우리에게 스승이 존재하는 이유도, 우리가 더욱 분발하기 위함이다.

4

상담가와 코치 만나기

정신과 의사에게서 풍기는 좋은 분위기란 환자 자신이 착잡한 심
정으로 조용히 기도나 하고 싶어 혼자 성당이나 교회를 찾았을 때 느
끼는 분위기, 깊은 산사의 대웅전에서 느끼는 한적한 분위기와 비슷
한 것들이라고 할 수 있다. 이런 분위기를 자아내는 정신과 의사를 선
택해야 하는 연유는 치료받을 때 그런 분위기를 의사한테 충분히 느
껴야 치료가 원만히 이루어지기 때문이다. 바람직한 분위기를 자아
낼 수 있는 정신과 의사가 되기 위해 가장 중요한 두 가지 수련을 받고
있다. 하나는 정신과 의사 본인 마음 치료이고, 나머지 하나는 자기가
치료한 환자와의 정신치료사례를 가지고 경험 많고 조예 깊은 스승한
테 지도를 받는 것이다.

– 김종하 칼럼, 「좋은 정신과 의사를 선택하는 방법」

우리는 사람에게서 결정적인 영향을 받고, 자신을 이해하는 데에도 큰 도움을 얻는다. 나의 경우에는 훌륭한 선생님과 심리상담가 선생님이 튼튼한 기둥이 돼주셔서 나를 스스로 돌아보는 데 혜택을 많이 입었다. 물론 이것은 내 마음의 메아리로써 그분들이 존재함을 깨닫는다. 하지만 사람이 성장하는 데에는 조력자의 도움이 있기 마련이다.

자신의 기존 틀을 깨고 나올 수 있게 도와주는 훌륭한 사람의 안내를 받으면 좋다. 사람이 산다는 것은 사람과의 만남을 전제함으로 이것은 인생에서 매우 중요할 수 있다. 사람과 사람 사이 여기에 삶의 모든 소중한 것들이 다 들어 있는 것이 맞는 것 같다.

심리상담은 사람들에게 상당한 치유의 효과를 보여준다. 나의 경우에는 상담가 선생님이 나에게 매번 정성을 다 기울여 주시는 것을 느꼈고, 상담할 때마다 선선하고 따뜻한 시간을 만들어주시는 것을 전해 받을 수 있었다. 이렇게 심리상담은 사람들이 자기를 발견하는 데에도 활용되는 시간이다.

난 선생님과 12년을 만나고 있다. 그 시간은 내게 많은 치유를 주었다고 생각한다. 처음에는 내 입장만 견지하려고 했는데, 조금씩 타인의 이야기를 수용하게 되었다. 살아오면서 상처가 많았던 나에게는 그렇게 오랜 시간이 필요했던 것이다.

심리치료가 잘 진행되면 사람들은 현실적으로 유능감을 키워나가면서, 상담가에 대한 의존심이 감소한다. 그리고 심리적 평등 의식이 증대되고, 열등감 또한 감소한다. 심리상담은 사람들이 스스로의 권력을 발견하고, 수용하도록 돕는다.

정신분석가 이무석 선생님의 『자존감』과 『마음』이란 책은 심리상담 분야에서 좋은 책으로 이름나 있다. 이분의 『30년 만의 휴식』이란 책도 널리 알려져 있는데, 이 책에 보면 상담가가 하는 역할에 대해 이해할 수 있다.

나의 경우에는 어려서부터 소외감을 많이 느끼는 편이었는데, 그게 적절한 때 치유가 이뤄지지 않아 최근까지 외로움을 많이 탔다. 다행히 좋은 상담가 선생님과의 심리상담은 내가 세상과 사람들을 향해 마음을 열게 도와주었다. 그랬더니 오랫동안 공허와 무의미에 시달리던 내가 마음이 편안해지는 것을 느끼게 됐다.

열등감이 심한 사람들은 '가짜 자기'를 만들어 그 속에서 삶을 산다. '진짜 자기'는 무의식 속에 내맡겨두고 말이다. 그래서 정신치료 전문가들은 내담자들이 자신들의 진짜 '현실을 인정할 때' 치료가 상당히 진행되었다고 느끼게 된다.

어느 작가는 자기의 단점을 인정할 때, 즉 자신의 못난 점을 있는 그대로 받아들일 때 세상을 좀 더 편안하게 살아갈 수 있다고 했다. '진짜 자기'와 만나고 싶은 사람들은, 실제로 심리상담을 받아보면 좋다. 왜냐하면, 심리치료는 '있는 그대로의 자기'와 만나게 도와주고, 혼자서 길을 가는 것보다 옆에 훌륭한 코치가 보조해주는 느낌 또한 들기 때문이다.

우리가 체력을 강화할 때는 헬스클럽을 찾는다. 이와 마찬가지로 정신의 근육을 키울 필요가 있을 때는 심리상담가나 코치를 만나면 좋다. 이들은 마음의 원리를 잘 이해하고 있고, 실제로 많은 임상 경험을 통해서 사람들의 마음을 편안하게 해주는 분들이기 때문이다. 처음에는 낯설 수 있지만, 요즘에는 우울증과 같은 증상은 심리적 감기 정도로 여겨진다. 뭐든 스스로 직접 부딪혀 체험해보는 것이 좋다.

5

니체의 나를 떠나라

"아직 밟아보지 못한 천 개의 작은 길이 있다. 천 개의 건강과 천 개의 숨겨진 삶의 섬들이 있다." 세계를 만들어갈 수 있는 천 가지 방식이 남았다. 갈 길을 못 찾았다고? 그러나 길은 없어진 게 아니라 넘쳐나고 있다. 길의 부재가 아니라 과잉으로서의 카오스! 그런데 반듯한 길이 사라지고 미로뿐이라고? 덕분에 길은 여행자들에게 나누어줄 기쁨을 숨겨둘 수 있었지. "모든 사물의 기원은 천겹이다." 지혜로운 탐사자라면 무지하고 소심한 자들이 지나친 많은 것들 속에서도 파편을 모을 수 있을 것이다. 천 겹의 주름 속에 숨겨진 사건들이 햇빛 속에 놓이게 될 때 신성한 것들의 거짓이 떨어져 나가리라.

— 고병권, 『니체, 천 개의 눈 천 개의 길』

결국, 나를 발견하고 이해하는 법은 기존의 자신과 계속 부딪힐 수 있는 계기를 마련하는 것이다. 그때 우리는 비로소 자신에 관해 물음을 던지기 때문이다. 이것이 철학자 니체가 이야기하는 끊임없이 자신을 떠남으로써 자신에게 도달한다는 주장이다. 나를 떠나라, 그러면 진정한 나에게로 도착하게 되리라.

요즘 드는 생각은 인생은 자신의 캐릭터를 찾아가는 놀이라는 것이다. 수많은 심리학자가 자기실현이 최종의 단계라 했는데, 자기 캐릭터가 완성되면 그게 되는 것 같다. 그러니까 나는 무얼 할 때 행복하고, 무엇을 해야 할 때 거북한지, 내 마음이 진정으로 원하는 것을 발견하면 그게 찾아지는 것 같다.

나는 사람들의 마음에 불을 지르는 사람으로 나의 캐릭터를 정해 뒀다. 그 연결고리로 글쓰기를 이용할 생각이다. 좋게 말하면 동기부여가인데, 나는 사람들을 움직이게 만드는 게 재미있고 좋다. 나는 이것을 심리경영이라는 용어로 설명한다. 그러니까 행복한 삶의 운동가로서 활동도 하지만, 나는 사람들이 좀 더 열정적으로 자신의 삶을 살았으면 한다.

그러니까 나는 인생의 결정적인 시기에 그것이 나에게 무엇을 의미하는지 끊임없이 질문한 적은 있다. 나는 인생에 대해 언제나 "예"로 답했다. 이 도전적이고 용기 있는 자세가 중요할 것 같다. 삶은 무언가를 이루었는지가 중요한 게 아니라, 태도 그 자체가 소중한 것이다.

어차피 짧은 인생인데, 그리고 삶에는 모두 장단점이 있다고 보는 편이라, 그저 지금 이 순간을 마음이 가는 대로 지르며 사는 게 가장 좋다고 본다. 그래봤자, 삶은 좋은 쪽으로도 인도하고, 나쁜 쪽으로도 기울 텐데, 결국 내가 어떤 걸 취하는지가 핵심일 것이다.

여기까지가 나의 캐릭터 찾기에 관한 이야기였다. 캐릭터가 찾아지면 이전보다 덜 공허하고, 덜 무의미해진다. 그리고 보다 삶이 단순화한다. 결국, 모두 행복하게 살자고 이 고생 중인데, 자기실현이 이뤄지면 인생이 더욱 홀가분하다.

삶은 결국 자기의 인생 스토리를 만들어가는 과정이라는 것을 알게 되었다. 그리고 드라마틱한 요소가 많은 이야기가 재미있듯이, 삶도 우여곡절이 많은 인생이 즐길만하다. 그것은 이 순간의 우연한 요소를 받아들이는 열린 자세에 달려 있다.

마음이 샘물처럼 흘러넘치지 않고는 지난 잔재를 떨칠 수 없다. 즉 가짜 자기를 버리지 못하면 진짜 자기를 찾을 수 없는 법이다. 그러니까 가짜 캐릭터를 홀홀 벗어버려야 진짜 자신의 캐릭터가 만들어진다는 말이다.

이것은 철학자 니체가 즐겨 말했던 내용이기도 하다. 인간은 수천 겹의 껍질로 쌓인 존재이고, 끊임없이 자기를 파괴하고 재창조해나가야 한다고 말이다. 생의 결핍이 문제이기에, 우리는 생의 과잉을 추구해야 한다. 여기 천 개의 길이 있다. 아니 천한 번째 주사위를 웃는 자는 던지고 있다. 그렇다. 인생의 승리자는 즐거운 주사위 놀이를 이 순간도 여전히 하는 사람이다. '모든 좋은 것들은 웃는다. 내가 걷는 발걸음을 보라. 자신의 목표에 다가서는 자는 춤을 춘다.'

12 Secrets of
Happy People

7

불행을
이겨내는 법

삶의 기쁨과 감탄은

바로 묘하게 풀리고 감기는 데서

오기 마련이다.

1

뜻대로 안 되는 것

다음으로 주목해야 하는 것은 '꼬리를 적시고', '이로울 바가 없으며', 또 그렇기 때문에 '끝마치지 못한다'는 일련의 사실입니다. 나는 이 사실이 너무나 당연한 서술이라고 생각합니다. 우리의 모든 행동은 실수와 실수의 연속으로 이루어져 있지요. 그러한 실수가 있기에 그 실수를 거울삼아 다시 시작하는 것이지요. 끝날 수 없는 것입니다. 나는 세상에 무엇 하나 끝나는 것이라고는 없다고 생각합니다. 바람이든 강물이든 생명이든 밤낮이든 무엇 하나 끝나는 것이 있을 리 없습니다. 마칠 수가 없는 것이지요. 세상에 완성이란 것이 있을 리가 없는 것이지요. 그래서 64개의 괘 중에서 제일 마지막에 이 미완성의 괘를 배치하지 않았을까 생각합니다.

— 신영복, 『강의』

불행이란 무엇일까? 인생이 뜻대로 안 되는 것이다. 우리는 삶이 어떻게 되어야 한다는 의도를 갖고 있다. 이게 제대로 되지 않을 때 우리는 스스로 운이 없고 불행하다 여긴다. 난 실패란 없고, 무수한 시도만이 있을 뿐이라고 생각한다. 모두가 그렇겠지만 나의 인생 또한 실패의 연속이었다. 하지만 이제는 새로운 시각으로 바라본다.

어찌 보면 행복하게 되는 게 쉽듯이, 불행을 이겨내는 법도 어떻게 보면 쉬울 수 있다. 즉 인생은 원래 의도대로 흘러가지 않는다는 걸 받아들이면 된다. 그런데 왜 많은 사람은 이런 마음을 갖지 못할까? 여기에 바로 삶의 묘미가 담겨 있다.

지금까지 나는 완벽주의자였다. 조금의 실수를 허용하지 않았다. 그런 나는 실제로 무진장 실수를 했다. 인생은 반대의 결과를 가져온다. 실수하지 않으려는 자, 실수하게 돼 있고, 성공하려고 하지 않는 자, 성공하게 돼 있다. 그러니까 삶은 역설의 문제다.

새옹지마도 같은 이야기다. 우리는 이야기의 끝을 예상하며 아름다운 미래를 그릴 수는 있지만, 그것이 계획대로 될지는 신만이 아는 사항이다. 그러니까 우리가 언제나 할 수 있는 것은 지금 이 순간을 사는 것이다.

앞서 말한 실수나 실패, 오류는 중요하지 않다. 사람은 타인의 시선을 그만큼 두려워하기 때문에 인생을 제대로 살지 못한다. 보통의 사람들은 삶을 사는 게 아니라, 사는 것처럼 꾸며진 배역을 맡을 뿐이다. 즉, 사는 척을 하다가 모두 금방 나이 들어 죽게 된다.

한 번뿐인 인생이기에 우리는 실제로 행복하게 살아야 한다. 행복한 척을 하면서 사는 게 아니고 말이다. 그러려면 자신에게 익숙한 방식이 아니라 낯선 방식을 끊임없이 추구해야 한다. 왜냐하면, 새로운 하루를 맞는 것보다 더욱 신선하게 하루를 보내는 것을 나는 알지 못하기 때문이다.

나는 "당신은 곤경에 빠졌다."라는 말을 아주 좋아한다. 이 문장에 끌리는 이유는, 그런 상황에 부닥쳤을 때, 매우 생생한 삶의 현장을 우리가 맛볼 수 있기 때문이다. 그러니까 익숙한 것은 우리에게 그다지 좋은 게 못 된다. 성공의 유일한 적은 성공 그 자체이기 때문이기도 하다. 즉 진정으로 성공한 사람은, 자신의 성공을 향해 타도를 외칠 수 있는 자이다.

지금까지 내가 말한 것을 정리해보면, 삶은 지금 이 순간을 살 필요가 있다는 것이고, 그것은 낯선 상황 속에 자신을 끊임없이 던질 때 가능하다는 것이다. 이 단순한 것을 현자들은 항상 말해왔고, 이러한 인생을 살아가라고 했다. 그런데 왜 대다수는 그렇게 살아가지 못할까?

예를 들면, 트리스탄과 이졸데의 사랑이나, 인간에게 불을 가져다 준 프로메테우스의 행동, 그리고 니체가 당대를 향해 진실을 소리 지른 상황이나, 흑인 인권운동가 마틴 루터 킹의 해방운동 말이다.

그러니까 여기서 핵심은 '용기'라는 것이다. 우리가 지금 이 순간을 가슴 뛰게 살지 못하는 이유는 용기가 없기 때문이다. 맹자가 말하는 호연지기가 이것을 말하는 것이다. 그러면 어떻게 해야 용기를 높일 수 있을까?

방법은 의외로 간단한 데 있다. 그렇다. 정답은 생각보다 단순하다. 인생의 진실 또한 단순함에 있듯이 말이다. 그것은 바로 지금 내 마음을 건드리는 것에, 그러니까 내 마음의 소리를 듣는 것에 있고, 내 가슴을 뛰게 만드는 것에 집중해보는 것이다. 보통 사람들은 관성에 익숙해져 있어 이렇게 행동하지 못한다.

2

곤란 없기를 바라지 말라

역경에 처했을 때 우리가 제일 먼저 해야 하는 일이 잎사귀를 떨고 나목으로 서는 일입니다. 그리고 앙상하게 드러난 가지를 직시하는 일이라고 생각합니다. 거품을 걷어내고 화려한 의상을 벗었을 때 드러나는 '구조'를 직시해야 한다는 것이지요. 가을 나무가 낙엽을 떨어뜨리고 나목으로 추풍 속에 서듯이 우리 시대의 모든 허위의식을 떨어내고 우리의 실상을 대면하는 것에서부터 희망을 만들어가야 한다는 뜻으로 읽어야 한다고 생각합니다. '엽락이분본(葉落而糞本)', 잎은 떨어져 뿌리의 거름이 됩니다. 우리 사회의 뿌리를 튼튼히 해야 하는 것이지요.

— 신영복, 『강의』

요즘 법정 스님이 풀이한 보왕삼매론이란 글을 읽었다. 거기에서 가장 인상적인 것은 '세상살이에 곤란이 없기를 바라지 말라.'라는 내용이었다. 그러면서 근심과 곤란으로써 세상을 살아가라고 했다.

불행을 이겨낼 수 있는 하나의 방법은 이렇게 삶이란 게 극락도 지옥도 아닌 사바세계, 즉 참고 견디면서 살아갈 만한 세상으로 받아들이는 것이다. 여기에 바로 삶의 묘미가 담겨 있고, 인생은 그렇게 짜여 있다.

그런데 인생이란 게 또 그런 것이 아니다. 실제로 불행한 일이 벌어진 사람들이 많다. 뭐 이것은 나이가 꽤 들면 자기 삶의 이야기를 풀어놓으면 소설 한 권은 나온다고 많이들 이야기하니, 인생을 살아가는 우리들의 대다수가 고초를 겪기도 한다.

그럼에도 불행한 사람들이 있다. 바로 선천적으로 장애를 지니고 태어난 사람들이나 중도 장애로 장애자가 된 이들 혹은 피치 못하게 불행하게 된 사람들이 있다. 이들에게 인생은 참으로 어려운 시련일 수 있다.

이런 생각을 해보자. 아이가 넘어지지 않고는 걸을 수 없고, 뛸 수도 없다. 우리는 이 현상은 당연하게 생각한다. 그런데 신체적으로 어른이 된 사람들도, 심리적으로는 채 성장하지 못한 경우를 많이 본다.

아이는 어떻게 성장할까? 그러니까 심리적으로 말이다. 아이들에게 있어 부모는 세계 전체를 의미한다. 어른의 세계, 즉 부모는 아이들에게 하나님을 나타낸다는 것이다. 모든 규율과 원칙 그리고 삶의 방식을 우리는 부모를 통해 습득한다.

그만큼 한 사람의 심리적 성장에 있어, 건강한 부모는 중요하다. 그런데 아쉽게도 이 세상에 건강한 부모는 많지 않다. 세상을 살아가는 건 상처를 받는 일이기도 해서고, 한번 우리가 받은 상처는 쉽게 아물지 않기 때문이다.

더욱이, 아이에게 긍정적인 상호 작용을 해주지 못하는 부모는 아이를 건강하게 키울 수 없다. 즉 자존감이 높은 사람으로 성장시키기가 그만큼 힘들다는 것이다. 그런데 단정하고, 질서 있고, 잘 양육시키지 못하는 부모라고 하더라도, 그 속에 사랑이 있으면 아이는 정상적이고 건강한 상태로 자랄 수 있다고 한다.

이 말은 유명한 정신의학자 스캇 펙이 그의 명저 『아직도 가야 할 길』에서 쓴 내용이다. 이 책에 보면 우리가 건강한 사람으로 성장하지 못하는 요소로, 부모를 가장 최우선으로 꼽고, 그다음으로는 우리의 원죄, 즉 엔트로피의 법칙을 이유로 든다. 부모는 우리가 선택할 수 있는 사항이 아닌 운명적인 요소이다. 그래서 나도 당당히 20살까지는 당신의 인생이 힘든 이유에 대해 부모를 탓해도 된다고 말한다.

그런데 그 이후의 나이부터 더 이상 부모를 원망하는 사람들은 좀 어리석어 보인다. 왜냐하면, 그때부터는 자신이 스스로 인생을 디자인해나가야 하는 시기이기 때문이다. 그러니까 게으름이 우리의 앞길을 막는다. 게으른 사람들은 앞의 글에서 썼듯이 변화를 싫어한다. 익숙한 것만을 좇고, 낯선 곳에서 아침을 맞는 걸 두려워한다.

그러니까 우리는 오늘도 실수하고, 실패를 맛봐야 한다. 그것만이 성공으로 가는 유일한 길일 수 있기 때문이다. 물론 이 글에서 말하는 성공은 심리적 성장 상태를 말한다. 즉 마음이 어른인 사람을 뜻하는 것이다.

3

이유 없는 일은 없다

　나는 신에게 나를 강하게 만들어 달라고 부탁했다. 내가 원하는 모든 걸 이룰 수 있도록. 하지만 신은 나를 약하게 만들었다. 겸손해지는 법을 배우도록. / 나는 신에게 건강을 부탁했다. 더 큰 일을 할 수 있도록. 하지만 신은 내게 허약함을 주었다. 더 의미 있는 일을 하도록. / 나는 부자가 되게 해 달라고 부탁했다. 행복할 수 있도록. 하지만 난 가난을 선물 받았다. 지혜로운 사람이 되도록. / 나는 재능을 달라고 부탁했다. 그래서 사람들의 찬사를 받을 수 있도록. 하지만 난 열등감을 선물 받았다. 신의 필요성을 느끼도록. / 나는 신에게 모든 것을 부탁했다. 삶을 누릴 수 있도록. 하지만 신은 내게 삶을 선물했다. 모든 것을 누릴 수 있도록.

　　　　　　　　　　　　　　　− 작자 미상(미국 뉴욕의 신체장애인회관에 적힌 시)

우리에게 일어나는 그 일과 사건이 자신에게 어떤 의미를 지니는지 차분히 질문해보자. 세상에 이유 없는 일은 없다. 그리고 일어나는 일은 모두 뜻이 있다고 했다. 불교에서는 이것을 업이라고 보는데, 사람이 살아가는 지금 이 순간에도 우리는 하나의 업을 만든다. 이것이 다음 생에서 우리 삶의 모습을 결정짓는다.

『장자』를 보면 우리 마음의 스케일을 넓혀주는 내용이 많다. 쓸모없음의 쓸모 있음이 그렇고, 학의 다리가 길다고 자르지 말라는 글도 그렇다. 그러니까 모든 일에는 장단점이 있으니, 당신의 선택에 확신을 갖고 살라는 이야기다.

나의 청춘은 온통 장밋빛 미래로 가득했다. 열심히 공부했으니 성공할 것이고, 예쁜 여자를 만나서 결혼할 것이며, 좋은 친구들을 사귀어 우정을 나눌 것이라고 생각했다. 그런데 20대의 인생은 나를 그쪽으로 인도하지 않았다. 삶의 길에서 소낙비를 끊임없이 맞아야 했고, 고뇌에 가득 차 방황을 많이 했다.

내가 20대에 성공했으면 좋았을까? 실패한 게 좋았을까? 정답을 먼저 말하면 실패에 방점을 찍고 싶다. 내 계획대로 삶이 성공했으면 난 무난한 인생을 살고 있을 것이다. 이 무난한 것이란 생각 속에만 존재하는 것이지만, 그런대로 평범하게 삶을 살아가는 모습일 것이다. 그런데 왜 난 실패에 점수를 더 주는가? 그것은 현재 살고 있는 지금 이 순간의 삶이 나쁘지 않다고 생각하기 때문이다.

나는 30대에도 10년 더 방황하는 삶을 보냈다. 그래서 나의 인생 진도는 매우 뒤처졌다. 그런데 나는 이것도 싫지 않다. 이 시절을 통해 나는 남들의 시선에 별로 관심을 두지 않게 되었기 때문이다. 요즘 읽은 법정 스님의 글 중에 사람들은 남들처럼 되고 싶어 하고, 남들 눈을 많이 의식한다고 했다. 그래서 현대인들은 행복하지 않다는 것이다.

나는 언제 행복한가? 그러니까 행복한 척을 하는 게 아니라, 진정으로 자신이 행복한 때를 묻는 것이다. 마음이 들뜬 상태에서의 행복을 말하는 게 아니라, 평온하고 고요한 상태에서의 자기 마음 상태를 묻는 것이다. 나는 언제 행복한가? 이 질문은 그러니까 자기의 개성과 정체성에 관해 깨닫게 돕는다.

우리가 어떠한 선택을 하던 장단점이 있으니, 자신의 선택에 따른 장점을 취하고 단점은 짊어지고 가면 좋다. 그러니 더 이상 선택 앞에서 걱정하거나 두리번거릴 필요가 없다. 그냥 당신 생겨 먹은 대로 살면 된다. 이것이 가장 정직한 것이고, 가장 행복한 방향이라고 생각한다.

다시 앞으로 돌아가서, 20대의 내게 온통 성공적인 일만 일어났으면 나는 과연 지금 행복할까? 그것은 누구도 알 수 없다. 다만, 내가 말할 수 있는 것은 안정적인 가정환경에서 자란 사람은 그렇지 않은 사람에 비해 무던하게 인생을 살아가는 듯하다. 아마 대부분이 원하는 삶의 모습이 이것일 것이다.

내가 말하고 싶은 것은, 지금 이 순간을 잘 살자는 것이다. 동서양의 모든 현자가 하는 말도 이것이다. 좋든 싫든 지금을 살아야 한다는 것이다. 왜냐하면, 삶은 지금 이 순간 밖에 없으니까. 지금을 축복할 수 있는 상태가 행복이라고 했으니까. 그리고 자신은 자기 이외의 다른 사람이 될 수 없으니까 말이다.

4

아래에 견주면 남는다

　내 자신이 몹시 초라하고 부끄럽게 느껴질 때가 있다. 내가 가진 것보다 더 많은 것을 갖고 있는 사람 앞에 섰을 때는 결코 아니다. 나보다 훨씬 적게 가졌어도 그 단순과 간소함 속에서 삶의 기쁨과 순수성을 잃지 않는 사람 앞에 섰을 때이다. 그때 내 자신이 몹시 초라하고 가난하게 되돌아 보인다. 내가 가진 것보다 더 많은 것을 갖고 있는 사람 앞에 섰을 때 나는 기가 죽지 않는다. 내가 기가 죽을 때는 내 자신이 가난함을 느낄 때는 나보다 훨씬 적게 갖고 있으면서도 그 단순과 간소함 속에서 여전히 당당함을 잃지 않는 그런 사람을 만났을 때이다.

− 법정 스님, 『산에는 꽃이 피네』

우리는 자신보다 더 어렵게 살아가는 사람을 바라볼 필요가 있다. 옛말에도 위에 견주면 모자라고, 아래에 견주면 남는다고 했다. 보통 사람들은 자신에게 만족하지 못하기 때문에, 그리고 인간의 본성이 그렇게 되어 있어 우리는 자신보다 위에 있는 사람과 비교하는 우를 범한다.

이것은 자신을 더욱 불행하게 만든다. 그러니 현명한 사람들은 자신보다 어려운 사람들, 즉 가진 게 없을지라도 행복하게 살아가는 사람들을 보며 거기서 삶의 가치를 터득하게 된다. 법정 스님의 책에서 곧잘 이런 내용을 접했다. 스님은 자신보다 적게 가졌으면서도 더 만족스럽게 사는 사람을 언제나 칭찬했다.

백지장도 맞들면 낫다는 말이 있다. 우리는 힘든 일을 경험하게 되면 혼자서 해결하려고 들면 안 된다. 문제에 빠진 사람은 자신의 세계관으로 그 일에서 벗어나기가 힘들다. 먼저 문제가 생기면 사람들은 관점이 좁아지게 되고, 그리고 마음이 성급해져 그 문제에 발목이 잡힌다.

그러니 주변에 조언을 들을 수 있는 현명한 사람을 두거나, 혹은 친구 그리고 선생님 같은 분을 두면 좋다. 나의 경우에는 심리상담가 선생님이 내가 걷는 길에서 혼란스러워할 때 길잡이 역할을 해주셨다. 또는 절이나 교회 같은 곳이 마음이 힘든 사람이 방문해 안정을 얻기 좋은 장소이다.

또한, 우리는 큰 문제와 불행에 빠졌을 때는 완벽하게 실패해보는 것이 필요하다. 그러니까 자신이 완전하게 심리적으로 무너지고 파산 했다는 것을 인정하는 것이다. 요즘 말로 마음과 인생을 리셋하는 것 도 좋은 방법이다.

많은 사람은 그렇지 않지만, 간혹 나처럼 모든 문제로부터 완벽히 벗어날 때, 즉 홀가분하게 혼자가 될 때 마음에 평화를 지니는 사람들 이 있다. 이런 부류의 사람은 몇 년이고 세상으로부터 떠나는 것이다. 마음을 백지상태로 둘 때 다음에 다시 그것을 채우는 방법이다. 이것 은 충분한 휴식이 새로운 에너지를 얻고, 새로운 삶으로 출발하는 데 동기부여가 될 수 있다.

세상은 우리의 탐욕에 의해서는 부족하지만, 우리의 필요에 의해서 는 충분하다. 요즘 난 이 말을 실감하고 있다. 예전에는 남들처럼 돈 을 벌어서 결혼도 하고, 가정도 꾸리려고 했는데, 그냥 내 분수에 맞 춰 살아가고자 한다.

난 홀로 사는 걸 즐기고, 굳이 급하게 결혼을 할 필요가 없다는 것도 깨닫게 되었다. 그렇게 나에게 불필요한 것에서 벗어나니, 인생이 심 플하게 느껴졌다. 가진 게 부족해도 충만하게 살 수 있고, 홀가분하게 살아갈 수 있는 것이다.

　그랬더니 현재 내가 발을 딛고 있는 이곳이 행복하게 느껴졌다. 행복은 더 많은 걸 얻을 때 가질 수 있는 게 아니라, 지금 이 자리에서 만족할 때 느낄 수 있는 것이다. 난 조금 더 여유로워졌고, 만족하게 되었다.

　결국, 인생은 자기 있는 그대로의 모습에 얼마만큼 만족하는지에 행복이 달려 있는 것 같다. 지금 세상은 남들보다 더 갖기를 요구하고, 좀 더 많이 가질 것을 바란다. 삶을 제대로 살 줄 아는 사람은 자신에게 필요한 것과 불필요한 것을 구분할 줄 아는 지혜를 지니고 산다.

5

행복과 불행은 동일하다

　무엇이 운명인지 우리는 삶이 끝나기 전까지는 모릅니다. 반전에 반전을 거듭해가니까요. 자기경영은 운명을 거부하지 않습니다. 바꿀 수 없는 것을 바꾸려 하지 않습니다. 자기경영은 다만 이미 주어진 것을 가장 잘 활용하는 것입니다. 그래서 자기경영은 운명을 즐기는 하나의 태도를 제시합니다. "그 일은 꼭 그 일이 생겨야 할 때 찾아온다. 종종 우리를 좌절시키고, 울게 하고, 비탄에 젖게 할 때도 있다. 그런가 하면 들뜨게 하고, 행복하게 하고, 승리했다 여기게 만든다. 이 모든 것들은 '바로 그때 발생했기 때문에', 예기치 않게 인생의 행로에 크고 작은 영향을 주지만, 지나서 보면 어떤 의도된 계획보다 더 훌륭한 우주적 안배였음을 알게 된다."

－ 구본형, 「마음을 나누는 편지, 운명을 즐기세요」

세상은 일장일단이 있고, 행복과 불행의 양은 동일하다. 그러니까 불행한 사람은 그 시절만큼 반대로 행복한 시기가 온다는 원리를 이해하자. 또한, 지금 행복한 사람도 앞으로 다가올 어려움을 대비해 겸손하고 자제하는 마음을 갖는 것이다. 이 방법의 좋은 점은 미래를 예측하고 대비할 수 있게 도와준다는 것이다.

사람들은 보통 좋은 일이 계속될 거라고 보는데 인생은 낙차가 있는 법이다. 또 횡재를 만나면 반드시 횡액이 뒤따른다고도 했다. 그러니 현명한 사람들은 지금 불행하다고 삶을 지레 포기하지 않고, 다음에 좋은 일이 올 때를 대비해 지금 자신의 삶에 몰입하고 최선을 다한다.

니체의 사례를 들어 이야기하면 좋겠다. 니체는 어린 시절부터 불우했다. 아버지가 일찍 돌아가시고, 어머니와 여자 친척이 가득한 환경에서 자랐다. 그래서 니체는 자연히 여성적이고 수줍음이 많은 남자로 자라게 된다. 그 후 대학 시절부터 니체의 경력은 화려했다. 이른 나이에 문헌학 교수가 되고, 조금씩 유명하게 됐다. 그런데 니체의 삶은 이게 다였다.

그는 자신의 병적 체험으로부터 많은 영감을 얻었다. 그리고 건강이 회복되며 세상을 다시 긍정적으로 보게 된다. 그러면서 쓴 책들은 철학사에 귀중한 보고로 간직되어 있다. 그러면 과연 니체는 행복한 삶을 살았을까?

그의 어린 시절은 불행했다. 청년이 된 후의 니체도 그렇게 삶이 행복했다고 할 수 없다. 그리고 불멸의 책을 쓸 때도 그는 아파야 했고, 그렇게 행복하지는 않아 보인다. 그러면 그는 과연 행복한 삶을 산 시절이 있을까?

위의 논리대로면 니체는 최소한 장년에 가서는 행복했어야 한다. 그런데 니체는 장년에 정신병을 앓는다. 그런데 간간이 정신이 회복될 때는 위대한 언어를 쏟아내기도 했다. "불행한 시기에 철학을 시작해서는 안 된다. 철학은 오히려 행복할 때, 용감하고 성공적인 장년기의 열렬한 명랑함을 가지고 시작해야 한다."

사실 니체는 사후에 유명해졌다. 아니 위대해졌다. 어느 철학자의 말에 따르면 다 죽어가는 철학을 살려낸 이가 니체라는 것이다. 그만큼 니체의 업적은 훌륭하다. 그런데 그것은 그가 죽은 후에 찾아온 명예와 성취였다.

니체 또한, 소수의 천재가 겪는 모습인데, 생전에 그는 왜 인정을 받지 못하였을까? 그리고 왜 행복하지 못하였을까? 이것은 소수의 천재가 보여주는 모습이기도 한데, 당대에 인정을 받지 못하면 그들의 작업은 과연 무슨 의미가 본인들에게 있을까를 생각해보지 않을 수 없다.

니체의 경우는 안타깝지만, 불행 없이 우리는 삶에서 성숙해지지 못할 수도 있다. 그래서 인생을 장기적으로 보면 불행을 꼭 나쁘다고 할 수만도 없다. 이것을 딛고 일어나려는 우리들의 의지가 무엇보다 중요하다.

많은 현자가 고통의 중요성에 관해 이야기한다. 그리고 성공했을 때의 겸손함에 대해서도 자주 언급한다. 현명한 사람은 어려울 때 더욱 힘을 낼 것이다. 그리고 성공했을 때는 다음에 찾아올 어려움에 대비해 평소 실력을 꾸준히 갈고닦을 것이다. 결국, 인생은 우리의 삶에 대한 자세가 무엇보다 소중하다.

12 Secrets of
Happy People

마음을
다스리는 법

평소 일상의 바쁜 걸음 속에서,

놓치고 있던 세상 하나를 발견하자.

1

마음의 여유 갖기

  나는 한발 물러서야 한다. 혼자 조용히 생각하고 정리할 시간이 필요하다. 체념하려면 실타래처럼 복잡하게 얽힌 일상의 문제들이 나를 억죄어온다. 혼자 조용히 하나씩 풀어가야 한다. 체념한 자의 마음은 고요하다. 이런 경지에 도달하기 위해서는 혼자만의 조용한 시간이 필요한 것이다. 주위가 소란하고 흔들려도, 특히 가족들이 소란하여도 태풍의 눈을 상상하라. 태풍의 한복판은 고요하다. 그런 상상으로, 그런 자세로 지금의 위기 상황에 대처해나가야 한다. 어떤 위기에도 혼자 조용히 흔들리지 않는다는 건 태풍의 위력보다 강한 힘을 발휘한다.

— 이시형, 『둔하게 삽시다』

요즘도 난 마음이 자주 헷갈린다. 아마 마음에서 욕심을 떨치지 못해서이기도 할 것이고, 분노를 모두 삭이지 못해서 그런 것 같기도 하다. 바쁘고 복잡한 시대를 살아가는 현대인에게 마음의 여유는 그 무엇보다 중요하다. 왜냐하면, 산다는 것이 스트레스를 받는 일이고, 고초를 겪는 것인데 마음의 여유마저 잃으면, 우리는 마음 건강에 적신호를 나타낼 수 있기 때문이다.

우연히 30대 초반부터 난 심리상담을 받기 시작했다. 그것이 햇수로 이제 12년이다. 심리치료의 효과가 나타나는 것인지, 아니면 충분한 고통을 겪은 후라서 그런지 알 수 없지만, 요즘 나는 조금씩 행복해지고 있다.

구체적으로는 말할 수 없지만, 그러니까 나의 자아가 튼튼해졌다든가 혹은 내 정체성을 조금 뚜렷이 알게 되어서라고도 이야기할 수 없다. 다만, 하나 분명하게 말할 수 있는 것은 내 마음속에 예전보다 욕심이 많이 사라진 느낌이 있다.

생각해보면 20대 후반, 내게 인상적인 사건이 생기면서 내 삶은 조금씩 고통스러워졌다. 그러다 머리가 아프고 가장 고통스러워지기 시작했다. 그러니까 30대 초반에 가장 고통스러웠고 시간이 흐르며 그 고통의 통증이 서서히 사라지기 시작했다. 이제 마흔 초반에 들어서는 고통은 거의 끝이 보이고, 이제는 삶에 대한 즐거운 마음과 행복한 감정이 생긴다.

현대 사회는 개인주의자를 많이 양산하고 있다. 개인주의는 좀 더 과학적이고, 세상 모든 것을 파악하려고 한다. 사회가 발전하는 방향과 맞기도 한 것 같다. 그런데 나는 『팡세』에 나오는 이런 말을 알고 있다.

"신은 그를 찾는 이에게는 그 자신을 온전히 드러내고, 명확히 나타나기를 원하는 반면, 진심으로 피하기를 원하는 사람들에게는 자신을 감추기를 원한다. '오직 보기를 원하는 자에게는 충분한 빛이 있고, 그와 반대되는 마음을 가진 자에게는 충분한 어둠이 있다.'"

종교는 언외에 있다. 즉 말이 가닿을 수 있는 곳이 아니다. 진실을 알고 싶은 사람은 탐구하라. 그러나 진리를 알고 싶은 사람은 믿어라. 종교는 믿음의 영역이고, 역설이 작용하는 것이다. 강한 사람은 종교를 믿을 수 없다. 자신이 세계의 모든 질서를 안다고 생각하기 때문이다. 그러므로 종교를 믿는 사람은 보통 자신을 약자라고 생각한다. 그런 사람만이 신을 우리 안에 받아들일 수 있다.

우리는 세상에 일어나는 일의 99퍼센트도 제대로 이해하고 있지 못하다. 이것은 에디슨이 한 말인데, 종교를 믿는 사람도 비슷한 마음을 갖고 있다. 또한, 종교를 믿는 사람은 세상에 일어나는 모든 일이 우리의 영적 성장을 위해 예비 되었다고 생각한다. 인생을 살며 누구나 한 번은 가장 끔찍한 경험을 하게 마련이다. 그런데 뒤돌아보면 그때 우리는 인생에 대해 가장 많은 것을 깨닫고 배우게 된다.

내가 종교를 믿고 싶어진 이유는, 이제는 좀 번잡한 생각과 삶에서 벗어나 차분하고 조용한 삶을 살아가고 싶어서다. 기도는 우리를 안정시킨다. 곧 평화로운 마음을 갖게 한다. 우리가 외적인 삶에 관심을 기울일 때 마음이 자주 혼란스럽다. 이제는 그 혼란한 마음을 벗어나고 싶다.

심리치료에 이런 말이 있다. 자신의 인생이 혼란스럽다고 이야기하는 내담자가 있었다. 상담가는 "잘된 일이군요."라고 답하며 이렇게 말을 이었다. "혼란스러움은 해명이 필요하고, 우리는 그 과정에서 많은 걸 깨달아갈 수 있습니다." 이것은 예수가 심령이 가난한 자는 복이 있다고 한 말과 같은 의미다.

2

증오와 분노의 이유

    무엇보다도 분노와 미움은 불만스러운 마음을 갖고서 괴로워하는 가운데 생겨납니다. 따라서 내면에 만족을 느끼고, 친절한 마음과 자비심을 키우기 위해 꾸준히 노력함으로써 당신은 미리 그 상황에 대비할 수 있습니다. 그런 노력은 마음의 평화를 가져와 당신이 순식간에 분노를 터뜨리는 것을 막아줄 수 있습니다. 그리고 당신을 화나게 만드는 상황이 생길 때, 당신은 분노를 직접 마주하고 그것에 대해 명상해야 합니다. 어떤 것 때문에 분노나 미워하는 마음을 품게 되었는지 따져봐야 합니다.

– 달라이 라마, 『달라이 라마의 행복론』

마음 다스리기는 내가 대학 때부터 줄곧 관심을 가져온 주제다. 난 이상하게도 고등학교 2학년 때부터 학급의 한 친구에 대한 증오의 마음을 가졌었다. 그 친구만 보고 나면 공부에 집중하기 어려울 정도로 내 마음은 시끄러웠다. 이게 신기하게도 대학에 와서도 연장이 되었다. 동기 중에 한 친구와 이야기를 나눈다거나 그 이후에는 그 친구만 보고 나면 하루가 엉망이 되곤 했다. 그래서 나는 그 시절부터 마음공부와 관련된 책을 자주 읽었다.

대표적인 책이 류시화 시인이 번역한 『달라이 라마의 행복론』이다. 이 책은 분노하던 내 마음을 많이 가라앉혀주었다. 그리고 처음으로 인간의 분노하는 마음과 용서라는 개념과 만나게 됐던 것 같다. 그리고 도서관의 대중 심리 코너를 돌다가 만난 책이 『행복한 이기주의자』라는 책으로 유명한 웨인 다이어의 저서들과 접하게 됐다. 또한, 구본형 선생님의 『사자 같이 젊은 놈들』이나 『그대, 스스로를 고용하라』라는 책도 그때 알게 되었다.

그때 이후로 책을 좋아하기 시작하면서 대학 3학년 겨울방학을 앞두고 난 법정 스님 책과 만나게 된다. 법정 스님이 『어린 왕자』라는 책을 아주 좋아해 그 책도 인상 깊게 읽었다. 또한, 소로의 『월든』도 아낀다는 이야기를 듣고, 나도 그 책을 읽었다. 그렇게 당시 자연주의자의 삶에 빠져들게 돼 나는 도시에서의 생활을 모두 버리고 시골로 떠나려고 했다. 잘되지 않았지만 내겐 인상적인 사건이었다.

대학을 졸업하고는 한동안 백수로 지내 마음이 바쁠 건 없었는데, 쓸데없이 조급했다. 그래도 다행히 그 시절 구본형 선생님의 홈페이지를 알게 되고, 선생님의 신간들을 읽기 시작하며 깊고 따뜻한 삶에 끌렸었다. 역시 나의 분노 때문에 선생님과 인연을 깊게 맺지 못하게 됐지만, 그 시절의 난 아주 충만하게 하루를 살아가던 때였다.

그리고 삶이 고꾸라지며 내가 찾게 된 곳이 동네의 정신건강의학과였다. 난 삶에서 운이 따라주지 않는 사람이었는데, 정신과 선생님은 내가 만난 가장 훌륭한 분이었다. 물론 책으로 만난 유명한 저자들을 알게 된 것으로도 나는 행운이라고 생각할 수 있지만, 실제로 변화경영사상가 구본형 선생님을 만났다거나 따뜻한 심리상담가 선생님과 꽤 오래 상담을 받는 것은 내게 꽤 운이 좋았던 경우인 듯하다.

사람이 극심한 고통을 겪고 나면 표독한 사람이 되거나, 온화해진다고 했다. 다행히 나는 좋은 분들의 영향을 많이 받을 수 있어서 온정적인 사람이 되었다. 이런 나도 여기까지 오는 데 쉽지 않은 길이 있었다.

의지가 강한 사람들이 심리치료를 잘 받아들인다고 했다. 또 이런 사람들은 스스로 문제를 인정하기 때문에, 즉 해결하려는 마음이 크기 때문에 실제로 치료가 잘 된다. 그런데 인생은 역설적이고 장단이 있다.

이들에게 문제 되는 것은 강한 분노다. 그리고 잘못 풀리면 나쁜 성격으로 고착될 수도 있다. 내 경우에도 잘못된 길로 빠질 뻔했다. 그런데 역시 좋은 분들의 영향으로 바른길, 즉 사람다운 삶으로 들어섰다.

사람들은 보통 고통을 당하게 되면, 왜 나에게만 이런 일이 생기냐며 분통을 터트린다. 이런 경우에는 고통에서 벗어나기 쉽지 않다. 반대로 이 고통의 의미를 생각하고, 인정하는 사람은 고통에서 벗어나기 쉽다고 했다. 왜냐하면, 이때부터는 인생에 끌려가지 않고, 주도적으로 삶을 정립할 수 있기 때문이다. 그렇다. 스스로 책임질 때 우주는 우리를 돕는다. 가톨릭에서 나왔다는 "내 탓이오, 내 탓이오, 전적으로 내 탓이오."라는 주문 또한, 우리를 더욱 능동적인 사람이 되게 한다.

3

아직도 가야 할 길

    어린 시절 부모에게 의존하는 기간은 우리의 사고방식을 형성하고 또 학습 내용도 결정짓게 된다. 인간은 상대적으로 다른 동물에 비해 부모에게 의존하는 기간이 길기 때문에 어린 시절의 사고방식이 우리에게 깊이 각인되어 쉽게 바꿀 수 없게 될 위험이 아주 크다. 어린 시절에 생각을 잘할 수 있도록 지도해주는 어른이 있으면, 여러 가지 면에서 도움이 된다. 어린 시절에 우리를 키워주는 부모들의 사고방식 자체가 문제가 있고 여러 가지 면에서 편협하다면, 그들로부터 배운 내용 때문에 또 그들로부터 배울 수 없는 부분이 있기 때문에 우리의 사고방식은 손상을 입게 된다.

– 스캇 펙, 『그리고 저 너머에』

선생님과 상담을 하며, 유명한 정신과 의사 스캇 펙의 『아직도 가야 할 길』시리즈 3부작 책을 인상적으로 읽게 되고, 나의 정신과 영혼을 치유적으로 바라볼 수 있게 되었다. 내가 심리와 정신을 주제로 한 작가 중에 가장 좋아하는 저자가 스캇 펙이다.

정신치료에 전이라는 개념이 있다. 예를 들면, 아이들이 어려서 갖게 되는 세계관이 현실에 잘 통용되지 않는다고 해 보자. 그럴 경우, 아이들은 자신이 아니라 세상에 문제가 있다고 생각하고, 그래서 권위를 갖는 사람들과 갈등을 자주 겪게 된다. 정신치료는 이렇게 잘못 제작된 지도를 교정하는 작업이다. 또한, 정신치료는 진실해지는 과정이다. 우리의 삶이 고통스러운 이유는 자신에게 거짓된 사실을 들려주기 때문이다. 그래서 정직한 분위기 속에서만 내담자의 질병은 치유될 수 있다.

내담자는 처음 상담실을 방문했을 때보다 상담이 진행되면서 더 우울해지는 경험을 한다. 치료되려면 내담자의 낡은 자아를 포기하는 과정은 필수다. 그런데 어려서 포기하는 경험을 못 해본 사람들은, 정신치료 과정에서 요구되는 포기를 잘 받아들이지 못한다. 그리고 내담자는 현실에서 힘든 경험을 하며 우울증을 경험한다. 이것 자체가 자신이 정상이라는 관념에 대한 포기의 시작이다. 정신과 의사는 내담자가 이미 시작한 여정을 잘 완수하게 도와주는 존재이다.

스캇 펙은 정신치료자들이 내담자나 사람들이 세상을 어떻게 바라보는지에 관심을 거의 두지 않는다고 말한다. 치료 과정에서 정신과 의사는 내담자들의 세계관과 만나게 되고, 그것이 중요함을 인식하지 못한다. 그런데 스캇 펙의 말로는 내담자의 세계관이 치료에 있어 근본적인 요소이기 때문에, 자신의 책임하에 있는 치료자들에게 "내담자들의 종교를 찾아내시오, 혹은 종교가 없더라도 찾아내야 합니다."라고 말하곤 했다.

자기 부모보다 정신적으로 건강한 사람은 드물다고 스캇 펙은 말하고 있다. 그리고 치료자의 끊임없는 애정과 도전이 결국 내담자에게 스스로 자신의 문제를 풀게 한다고 했다. 또한, 우리가 교육할 때는 아이들의 머릿속에 무언가를 집어넣는 것이 아니라 끄집어내는 과정이라고 한다. 정신치료도 마찬가지인 것이 내담자들이 갖는 자신에 관한 개념을 실제의 그것과 일치시켜 나가는 과정이다.

하나님의 목적은 우리가 하나님과 같이 너그럽고, 지혜로우며, 현명하게 되는 것이다. 우리는 하나님과 같은 존재가 되는 것이 진화의 목적이다. 그러므로 영적 향상과 자기 성장을 위해서 우리는 죽을 때까지 게을리할 수 없다. 그런데 문제는 엔트로피의 원죄가 우리를 괴롭힌다. 이것은 간단히 말해 게으름이 우리의 앞길을 막는다는 것이다.

은총과 정신질환의 예로는 내가 좋아하는 오레스테스의 신화가 나온다. 오레스테스의 할아버지는 신에게 대적하다 벌을 받는다. 즉 가문에 저주가 떨어진다. 오레스테스의 어머니는 아버지를 죽이고, 그 시대에는 아버지를 죽인 자에게 복수해야 한다는 것이 있었다. 그래서 오레스테스는 깊은 고민 끝에 어머니를 죽인다. 그리고 정신병에 걸려 미치게 된다.

세상을 정신없이 떠돌아다닌 끝에 신들이 오레스테스를 가엾게 여겨, 그의 잘못이 아니라고 신들이 변호한다. 그 순간 오레스테스는 "어머니를 죽인 것은 접니다. 아폴론이 아니고." 신들은 놀랐다. 한 번도 인간이 자신의 행동에 책임을 지는 것을 보지 못했기 때문이다. 신들의 회의 끝에 오레스테스에게 내려진 저주는 풀리게 되고, 그를 괴롭히던 퓨리스는 지혜를 가져다주는 것으로 변화된다.

4

영감을 주는 스승

중국에 이탁오라는 학자가 있어 다음과 같은 말을 한 적이 있다. "친구가 될 수 없으면 진정한 스승이 아니고, 스승이 될 수 없으면 진정한 친구가 아니다." 세상을 살며 자신에게 큰 영향을 미친 사람들 이야기를 정리해 그것을 모아두면 한 사람의 자서전 노릇을 하게 될 수도 있다. 발가벗은 자신에 대하여 직접적으로 말해야 하는 '나의 이야기'로서의 자서전이 아니라 내게 영향력을 미친 사람들의 이야기야말로 너무도 결정적인 내 삶의 증거들일 수 있다는 생각을 했다. '보통의 선생은 그저 말을 하고, 좋은 선생은 설명을 해주고, 훌륭한 선생은 스스로 모범을 보이고, 위대한 스승은 영감을 준다.'라는 말이 있다.

– 구본형 칼럼, 「길현모 선생님, 중요한 길목마다 그 분이 거기 서계셨다」

이렇게 살펴보니 내가 마음의 여유를 찾는 데 도움을 준 것은 좋은 책들과 훌륭한 선생님들이었다. 책은 작가의 골수가 담겨 있을 만큼 그것을 쓴 사람의 혼신이 쏟아져 있다. 그래서 책이라는 매체는 다른 어떤 것보다 인간이 자신을 돌아보는 데 중요하다.

그리고 실제로 우리가 부대끼며 영향을 받을 수 있는 모범이 되고, 영감을 주는 스승들을 만나게 되면 우리 삶의 지평은 깊고 넓어진다. 이런 말도 있지 않은가. 사람이 준비되면 위대한 일이 일어나고, 제자가 준비되면 위대한 스승이 나타난다.

스승을 욕보이는 제자만이 영원히 스승을 빛나게 한다. 얼음이 물에서 나오듯, 평범한 사람도 배우기를 그치지 않으면 스승을 넘어설 수 있다. 스승을 능가하는 제자만이 스승을 욕보일 수 있다. 이게 무슨 말이냐고?
그러니까 좋은 제자는 스승을 놀라게 하는 제자다. 왜냐하면, 만날 때마다 스승이 두 눈을 부릅뜨고 살펴봐야 할 정도로 발전이 있다는 소리니까. 스승의 앞으로 나아가지 못하면 죄스러운 제자가 된다. 그리고 좋은 선비는 훗날 후학이 자신의 앞에서 걷도록 길을 열어 둔다.

가장 자기다운 매력으로 사람들을 무찔러 들어가자. 옛말에, 훌륭한 선비는 못 본 지 사흘 후면 몰라보게 달라져 있다는 괄목상대(刮目相對)라는 말도 있지 않은가? 같은 의미다. 우리는 매일 주어지는 하루를 그냥 흘려보내서는 안 된다. 아무것도 시도하지 않는 것만큼, 인생을 낭비하는 죄도 없다. 신은 세월로써 우리를 벌한다고 했다. 그러니 우리의 하루를 놀랍게 해야 하지 않겠는가?

니체가 말하길, 새롭게 변화되는 정체성 속에서만 진정한 자신과 만날 수 있다고 했다. 그리고 우리는 아직 자신을 알지 못한다. 그러니 새로운 사건 속에 우리를 던져 넣을 필요가 있다. 이것은 신화 책에서 가르쳐준 방식인데, 좋은 스승이나 코치로 불리는 이는 제자와 선수를 가만히 지켜보다 가끔씩 일깨워주는 말을 해줄 수 있어야 하는 것과 같다.

하루를 사람으로 채우는 것도 훌륭한 방법이다. 나도 이게 잘 안 되는데, 사람만큼 우리가 큰 영향을 받고, 결정적인 변화를 맞게 하는 존재도 드물다. 그러니 기회가 있는 사람들은 훌륭한 스승을 만나면 좋다. 자신을 낮출 수 있는 사람은 만날 수 있다. 우리가 내면에서 갈구하면, 우주는 우리의 목소리에 응답한다.

나처럼 소심하고 게으른 사람은 책으로 그걸 해보는 것도 좋은 방법이다. 책은 사람처럼 우리를 다그치지 않는다. 그리고 자신만의 속도대로 배울 수 있다. 책은 시험을 치자고 윽박지르지도 않고, 외우라고 강요하지도 않는다. 그저 내가 나를 이끌고 가면 된다. 문제는 혼자서 배우는 방식은 우리를 나태에 빠뜨리게 된다는 것이다. 그러니 책 읽기를 통한 변화는 자신의 기질과 취향을 알아보고 선택하면 좋다.

책을 읽는 아주 훌륭한 방법은, 자신이 감동받고 전율한 책의 저자가 읽은 책을 찾아서 읽는 방식이다. 이렇게 되면 결국 그 저자의 모든 사유뿐 아니라, 사상을 하나로 통합할 수 있다. 나도 정확히는 해보지 못했지만, 인상 깊은 저자의 또 다른 추천 책 읽기 방식은 내게는 최고였다.

이것 외에 내가 할 수 있는 말은, 매일 다르게 살아갈 수 있는 사람이, 가장 제대로 사는 것이라는 사실 뿐이다. 왜냐하면, 변화만이 인생의 정답이고, 우리 삶을 건강하게 이끌기 때문이다. 매일 어제와 다른 사람이 된다는 것, 그래서 매일 나아진다는 것보다 건강함의 척도를 잴 수 있는 기준은 없다.

5

좋아하는 책들

책을 읽을 때는 마음을 비우고 자신에게 절실해야 한다. 마음을 비우다는 것은 한 걸음 물러나 생각하는 것이다. 한 걸음 물러난다는 것은 공부하며 느껴보지 못한 사람에게는 설명하기 어렵다. 사람들은 책을 볼 때 먼저 자신의 생각을 세우고 저자의 말을 끌어다가 자신의 생각에 맞추어 넣는다. 이것은 저자를 읽는 것이 아니라, 다만 자신의 생각을 미루어 넓히는 것이다. 한 걸음 물러난다는 것은 스스로 생각을 지어내지 말고 저자의 말을 앞에 놓고 그들의 생각이 어디로 향하는지 보는 것이다. 자신의 생각을 저자의 뜻에 꿰어 맞추지 말고 저자의 뜻을 붙잡으려 해야 한다. 저자의 생각을 알면 크게 진보할 수 있다. 이것이 자기를 없애고 마음을 비운다는 뜻이다.

– 구본형, 『오늘 눈부신 하루를 위하여』

정신과 의사 이무석 선생님의 책은 마음 건강에 많은 도움을 준다. 그중에서도『자존감』이란 책이 좋았다. 이 책에서 자존감은 성취를 많이 쌓으면 올라가고, 반대로 마음에 욕심을 많이 비우면 좋아진다 했다.

그러니까 "자존감 = 성취 / 욕심"이라는 공식이 성립하는 것이다. 많은 사람은 성취를 쌓는 방법으로 행복을 얻으려 한다. 물론 그것은 건강한 방법이다. 누구나 선망하는 좋은 학교와 회사에 취업하는 것은 자랑스럽다.

그런데 자존감을 높이는 다른 하나의 방법은 마음에 여유를 갖는 것이다. 그러니까 욕심이 낮아질수록 자존감은 좋아진다. 청춘의 절정에서 나락에 떨어진 나는 후자의 방법으로 마음의 평온과 자존감을 높이게 됐다. 힘들어 고통 속에 놓이게 되었을 때 책은 내게 진통제와 같은 대상이 되어주었다. 한마디로 책은 내 영혼의 치유제였다. 이때만큼 책을 절실하게 읽은 시기도 없는 것 같다.

사람들에게 마음의 여유를 가지라고 하면 이 말을 알아듣지만, 마음을 내려놓고 비우라고 하면 잘 이해하지 못한다. 이것은 인생에서 자기 분수를 찾아가는 것이다. 삶에는 자신의 역할이 있는 법이며, 그것에 충실할수록 여유 있게 살아갈 수 있다. 누구는 그릇이 클 수 있고, 또 작을 수도 있다.

난 12년 전에 인생이 완전히 꼬였다. 청춘의 절정에서 추락했다. 그리고 다시 회복시키지 못하고 있다. 그래서 난 젊은이들에게 되도록 큰길에서 벗어나지 말라고 이젠 말한다. 굳이 고통받을 필요는 없다고 생각하기 때문이다.

요즘 법정 스님의『맑고 향기롭게』라는 책을 읽으며 내 인생이 좋아졌고, 행복해지고 있다. 내가 가장 편안할 때는 스님의 글을 읽을 때다. 난 이제 내 인생의 행복을 찾았다. 문제는 그런데도 아직 회복되지 않아 곤란하다.

'내 인생이 꼬이지 않았다면'이라는 말도 이제는 하기 싫다. 그냥 그 자체를 받아들이려 한다. 모든 일은 장단점이 있어, 이 일을 통해 난 더 마음의 여유를 찾게 되었고, 나의 주변 모든 것이 잘 돌아간다.

성과가 내게 오지 않았다면, 내 주변 사람이 받은 것이다. 그러니 난 내 길을 잘 가기만 하면 된다. 난 언제나 나의 마음을 배반하지 않기에, 특별히 잘못된 길을 가지 않을 것이다. 결과는 곧 하늘에 맡긴다. 이렇게 생각할 수 있게 된 것도 내 경우에는 책의 힘이 컸다.

또한, 이시형 박사님의『둔하게 삽시다』라는 책이 있다. 정신과 선생님과 상담하며 너무 예민했던 나는 둔하게 살기의 필요성을 느껴, 관련 책을 찾다가 알게 되었다. 책 내용은 따로 설명할 게 없고, 우리는 평소에 너무 조급하게 산다는 것이다. 그래서 마음의 여유를 갖는 것이 필요하다는 것을 역설하는 이야기다.

그러고 보니 예전에 『우리는 사소한 것에 목숨을 건다』라는 책도 유명했다. 이 책도 같은 이야기를 하는데, 마음의 여유가 무엇보다 중요하다. 우리가 산다는 것은 갖은 고초와 스트레스를 받는다는 것을 의미한다. 물론 살아간다는 건 때론 가슴 떨리는 즐거움이 있고, 좋은 사람과의 재미난 추억도 있다. 하지만 현대 문명은 우리를 바쁘게만 몰아가고 있다.

서양의 물질문명은 때가 다하여, 그들도 이제는 동양의 철학과 지혜에서 정신적 가치를 구하고 있다. 이런 동양에서 살아가는 우리는 어떻게 보면 행운을 받은 것이다. 자연과의 조화와 균형을 추구했던 선인들이 우리에게 있었으니 말이다.

12 Secrets of
Happy People

9

독서를
잘하는 법

공자도 서른에 학문을 세웠다 하니,

우리도 서른부터 독서에 빠지자.

1

변화경영사상가 구본형

독서란 작가와의 만남입니다. 그런데 그 작가라는 것이 생전에 한 번도 서로 만난 적이 없는 사람들인 경우가 태반입니다. 그들의 책을 읽고, 그들의 사유를 이해하거나 그들의 느낌에 공감한다는 것은 내 속에 있는 그들을 만난다는 것입니다. 그러므로 책 속의 말들이 나를 무찔러오면, 그것은 더 이상 저자의 것이 아니고, 이미 내 것이 된 것입니다. 그래서 독서는 바로 제2의 창작행위가 되는 것입니다. 독서를 통해 만들어낸 생각과 느낌은 결국 저자와 독자의 아이인 셈입니다. 독서가 이렇게 아이를 낳을 수 있다는 것, 이것이 바로 독서의 생명력입니다.

– 구본형 칼럼, 「나의 독서법 – SBS와 함께하는 독서의 기쁨 캠페인」

독서 하면, 내가 존경했던 변화경영사상가 구본형 선생님이다. 이분은 젊어서부터 책을 좋아한 듯한데, 이것을 나이가 들어서도 꾸준하게 유지하셨다. 인생을 살아본 사람들은 알겠지만, 무언가를 일관되게 한다는 것은 쉽지 않은 일이다. 선생님은 책을 좋아하셨기에 나이가 들어서 오히려 청춘들보다 더 젊게 사신 듯했다.

선생님은 남들에게 이래라저래라 참견하는 분이 아니셨다. 다만 그들이 지나다니는 길에 가끔씩 영감의 흔적을 남겨두곤 하시는 걸 즐기셨다. 그런 선생님이 독서론에 관해 책의 한 챕터로 쓰신 적이 있다. 그 책의 제목은 『오늘 눈부신 하루를 위하여』이다. 거기에 보면 독서란 적송이 가득한 오솔길을 걷는 것이라고 표현해두셨다. 그리고 옛날에는 책에서 서책의 향기가 풍겼다 한다. 지금 시대에 그것까지 바랄 수 없지만, 그만큼 독서는 마음에 여유와 품격을 향상하는 길이다.

어느 칼럼에서 선생님은 독서 시도 남기곤 했다. 그것은 조셉 캠벨이란 신화학자에게서 영감을 받아 작성한 시인데, 매우 재밌는 내용이다. 우리가 책을 읽다가 한 작가에 빠지게 되면, 그 작가가 읽은 책을 모조리 읽으라는 것이다. 그렇게 그 저자가 좋아한 책을 따라가다 보면 분명히 어떤 흐름을 파악할 수 있다. 세상은 모두 연결되어 있으므로 어느 순간 우리는 문리를 터득하게 된다.

그리고 책을 읽을 때는 다른 것은 모두 접어두라 했다. 책 하나에만 온 정신을 집중하자는 것이다. 그날 뉴스에 뭐가 나오는지 모르는 그런 여백의 시간이 필요하다. 모기가 강철을 뚫는다는 일념으로 책을 읽게 되면, 깨달음의 순간이 온다는 것이다. 이것은 내 경험으로 봐도 적절한 책 읽기 방법이다. 왜냐하면, 나도 20대에 한 5년간 손에서 책을 놓지 않으려고 했던 추억이 있기 때문이다.

구본형 선생님은 언젠가 그분의 홈페이지에 아래와 같은 글을 남겨두셨다. "독자가 읽고 나서 이전까지의 태도를 바꿀 수 있다면, 그것이 좋은 책이다. 시기에 따라 다르게 읽히는 책이 좋은 거구나. 아… 혼란스러울 때 방향을 잡아주는 책…. 나이가 들어가면서 내게 더욱 가르침을 주는 책. 그런 책을 좋은 책으로 볼 수 있겠다."

이는 변화경영사상가였던 구본형 선생님이 평소에 자주 말씀하신 내용이다. 책을 읽고 태도를 바꿀 수 있는 것이 좋은 책이다. 우리는 편견을 쌓기 위해 책을 읽는 것이 아니다. 더욱 열린 사고를 하고, 맑은 마음을 갖기 위해 독서를 한다. 좋은 책은 우리에게 정신과 삶의 양식이 되어 준다.

그리고 구본형 선생님의 말씀에서 영향을 받은 문장이 너무 많다. 내가 이 세상에서 가장 잘할 수 있는 일은 무엇인가, 이것이 가장 먼저 떠오른다. 메시는 축구하고, 비틀즈는 음악하고, 고흐는 그림 그리고, 요리사는 요리한다. 이것보다 더 분명한 사실은 없다. 그러니 우리는 우리가 하는 일로 자신의 정체를 찾을 수밖에 없다. 왜냐하면, 우리가 깨어 있는 시간의 2/3를 직장에서 보내기 때문이다. 그 시간이 황홀할 수 있으면 인생의 절반 이상이 흥미로운 놀이로 가득한 것이다.

또한, 구본형 선생님 책을 봤는데 나의 마음을 열정적으로 만드는 글과 정서를 환기해주는 좋은 내용이 많았다. 선생님의 책을 읽을 때마다 나는 학생이 된다. 오늘 가장 인상 깊게 다가온 내용은, 성공은 꼭 돈이나 명예가 아닌 삶에 관한 이해로 다가오기도 한다는 것이었다. 그리고 인생은 결코, 길지 않으니 좋아하는 일을 만나면 그 일에 깊이 엎어지라는, 그게 축복이라는 글이었다.

2

너는 네 춤을 춰라

이 세계에 존재하는 것은 모두 다 생각의 결과입니다. 이 세계는 불편함을 해결해온 결과물이기도 합니다. 불편함을 느끼고 궁금증, 호기심을 갖는 사람들은 '질문'을 합니다. '대답'은 이미 있는 이론과 지식을 그대로 먹어서 누가 요구할 때 그대로, 빨리 뱉어내는 것에 불과하죠. 질문하는 삶을 살아야 합니다. 독립적이고 자유롭고 풍요롭게 살고 싶은 사람은 이 질문을 포기할 수 없습니다. 너는 누구냐, 너는 왜 너냐, 무얼 가지고 너라고 하느냐, 너는 무엇을 원하느냐, 어떤 사람이 되고 싶으냐, 어떻게 살다 가고 싶으냐, 도대체 너한테는 죽기 전까지 해결할 것이 무엇이냐.

　　－ 최진석 교수 강연, 「"세상의 주인이 되고 싶다면, 끝없이 질문하세요"」

'네 춤을 춰라' 이 말은 어느 춤꾼 할머니가 남긴 것이다. 우리는 보통 무언가를 익힐 때, 남들에게 배우려고 든다. 이 할머니의 말은 그러지 말라는 것이다. 그저 자기가 생긴 대로 해야 독창적인 것이 창출되고, 더욱 스타일 있는 작품이 나온다는 것이다. 창의성과 상상력이 가장 중요해진 시대에 남들과 같아진다는 것은 치욕이다. 차별화를 갖추는 것이 이 시대를 잘사는 방법이고, 잘 배우는 것이다.

세계는 창의 시대인데, 한국은 그렇지 않다. 두께가 약하기 때문이다. 어떤 물은 나뭇잎 하나를 띄울 수 있고, 어떤 물은 소주잔 하나, 그리고 어떤 물은 거대한 배도 띄운다. 최진석 선생님이 쓴 『인간이 그리는 무늬』는 내게 걸작이었다. 왜냐하면, 그 책을 읽고 난 영업 성과가 2배 이상 좋아졌기 때문이다. 남의 눈치를 보지 않았기 때문에 가능해진 일이었다. 오로지 내 느낌대로, 나의 주체성을 살렸기 때문이다.

그리고 이 책에 이런 문장이 나온다. 힙합이란 장르가 만들어질 수 있게 된 것은, 흑인들이 자신들의 특성에 맞게 노래를 불렀기 때문이다. 흑인들은 '노래는 어떻게 해야 하지?'라고 질문하지 않고, 그냥 자기들 멋대로 불러버렸기 때문에 힙합이 만들어진 것이다. 장르는 주로 선진국에서 만든다. 후진국은 그 장르를 단지 모방할 뿐이다. 자동차란 원본은 선진국이 만들었고, 후진국은 자동차를 베껴 만들 뿐이다.

최진석 선생님은 책에서 '너는 너의 삶을 살고 있느냐?' 이 물음을 던졌다. 이 질문을 하는 자만이 위대해지는 과정을 거칠 수 있다 했다. '너는 너냐?' 자기가 자신이 될 때 우리는 위대해질 수 있다. 여기서 중요한 것은 위대함이 아니라, 너는 너냐다. 우리는 보통 무언가를 시작할 때, 배우러 다닌다. 최진석 선생님은 그러지 말라는 것이다. 네 멋대로 해야, 잘할 수 있다는 것이다. 네 인생을 살아라. 모방품이 되지 말고 말이다.

물론 우리는 앞선 인류 스승들의 유산에 흠뻑 젖을 필요는 있다. 그런데 그건 어느 선에서 끝마쳐야 한다. 그 후에는 자기 길을 열어야 한다. 조셉 캠벨이란 신화학자는 말한다. 네가 가는 길이 뚜렷이 보인다면, 그건 너의 길이 아니다.

우리는 자신이 창조하는 길을 걸어야 한다. 겁내지 말라. 오히려 지금 삶이 지루하지 않느냐? 그렇게 비루한 삶을 너는 그토록 원했느냐? 두려워 말라. 그대도 가슴 뛰는 삶을 살아갈 수 있다. 단지, 조금의 용기를 내면 될 뿐이다.

비슷한 복제품이 되지 말자. 내 안에서 들려오는 내면의 목소리를 듣자. 더 이상 남을 배우려 들지 말자. 너는 네 춤을 추면 된다. 너는 너의 인생을 살면 된다. 누구의 인생이 정답이라는 것은 없다.

삶은 하나의 정답이 정해진 길이 아니다. 아직 우리가 밟아보지 못한 천 개의 길이 있다. 우리는 어느 길을 가야 할까? 다만 자기 길을 갈 때의 느낌은 이렇다. '내가 걷는 발걸음을 보라. 자신의 목표에 다가서는 자는 춤을 춘다.' 그렇다. 약동하는 삶 이게 바로 정답이다.

최진석 선생님의 책은 우리 삶을 그렇게 약동하게끔 동기부여를 시킨다. 네가 네 자신이 아닐 때, 너의 인생이 너의 인생답지 않을 때, 이분의 책을 읽자. 그러면 너는 너 자신이 될 수 있으리라.

3

현실과의 접점 찾기

"이론이 그 자체로 모두 옳은 것 같아 진위를 구별하기 어려우면, 직접 겪어 체험해봐야 한다." 이것은 플라톤의 가장 아름답고 감동적인 두 개의 대화편, '파이드로스'와 '크리톤'에서 가르친 것을 연상시켰다. '논리의 시험을 거치지 않은 경험은 웅변이 되지 못하는 잡담이며, 경험의 시험을 거치지 않은 논리는 논리가 아니라 부조리'라는 가르침과 섞여 천둥같이 내 가슴을 울렸다.

– 구본형 칼럼, 「길현모 선생님, 중요한 길목마다 그분이 거기 서계셨다」

우리는 책을 읽으면서 분명히 배운다. 그런데 삶은 책으로만 이뤄져 있는 것이 아니다. 책은 간접 경험을 높여줄 뿐이다. 그러니 무엇보다 인생은 직접 경험을 무시할 수 없다. 또 책은 이론으로 되어 있어, 반드시 현실과의 접점을 생각해야 한다. 이럴 때 필요한 것이 스승을 만나는 것이다.

동양에서 말하길 스승은 알고 있다고 했다. 아는 자는 알려주지 못하고, 풀어야 하는 자는 알지 못한다는 말이 있다. 스승은 고기를 잡아주는 게 아니라 잡는 법을 알려주는 사람이다. 훌륭한 코치는 선수의 천성적인 동작은 그냥 두고, 약간만 불필요한 것을 지도해준다. 그럼으로써 우리는 이전보다 훨씬 나은 기법을 익힐 수 있게 된다.

그러니 책을 읽다가 의문이 생기거나 인상적인 작가를 만나게 되면, 사람에게 물음을 던지고 답을 구하자. 그러다 보면 우리는 책을 읽을 때 전혀 상상도 할 수 없었던 신기한 경험을 하게 된다. 나 또한 그런 체험을 했다. 나는 앞서 말한 변화경영사상가 구본형 선생님을 만나고, 나의 독서법이나 책을 보는 취향, 그리고 책 고르는 눈높이 등이 훨씬 좋아졌다.

이것을 말하는 데 있어서 천재 쇼펜하우어의 말을 빌려와야 한다. 그는 생전에 지독한 회의주의자였다. 그런데 그는 가끔 옳은 소리를 했다. 예를 들면 이런 식이다. 사람들은 채 1년도 지나지 않아 잊히는 베스트셀러를 많이 읽는 우를 범한다. 그것보다는 영원히 살아남은 인류의 양서를 읽는 게 옳다 했다.

여기서 베스트셀러를 비판하는 것은 아니다. 다만, 좋은 책은 독자가 기존에 갖고 있던 태도를 변화시키던가, 그들의 인품을 한 단계 높이는 역할을 할 수 있어야 한다. 음식도 패스트푸드가 먹기는 편하지만, 사람에게 진정으로 건강한 음식은 제철에 생산되는 재료로 만들어진 요리인 것과 같다.

또한, 좋은 책이라면 독자가 공감을 하면서도 그들이 더 나아갈 수 있게 이끌 수 있어야 한다. 이것은 심리치료의 방법으로 설명할 수 있을 것 같은데, 처음에 내담자가 상담실에 방문하면 상담가는 그들의 이야기에 깊이 경청하며 공감한다. 그래야 라포가 형성되고, 서로 신뢰가 쌓이기 때문이다. 그 이후부터는 상담실은 내담자에게 완전히 편안한 실험의 공간이 된다.

내가 보기에 베스트셀러는 여기까지의 역할을 하는 것 같다. 그런데 상담은 중기와 후기 과정이 더 남아 있다. 내담자가 스스로 자신의 문제를 인식하는 단계를 넘어서, 상담의 끝에는 자기 통찰과 자기 분석을 스스로 해내는 시기이다.

그러니까 불가에서 이뤄지는 교육으로도 설명할 수 있는데, 처음 10

년은 참선만 한다. 그다음 10년은 만행이다. 그 이후 10년은 다시 세상으로 돌아와 세상에 깨달음을 펼치는 단계이다. 글쟁이가 좋은 글을 쓰는 과정도 다르지 않다. 처음 10년은 좋은 책을 읽으며, 자신의 관심 주제를 찾는 시기이다. 다음 10년은 실제로 글을 쓰며 피드백을 받고 향상되는 시절이다. 그 이후는 독자와 세상에 필요한 내용을 전달하는 단계가 남는다.

맹자는 독서를 '잃어버린 마음을 찾는 일'이라고 했다. 좋은 글쟁이도 독자에게 무언가를 보태주는 작가가 아니라, 그들이 잃고 살아가는 인간성을 되찾아주는 사람이다. 현대인들에게 정말 중요한 것은 필요한 것을 갖지 못한 불행이 아니라, 불필요한 걸 덜어내지 못하는 비만 상태이다.

4

책을 읽는 이유

공부하는 사람은 항상 그 마음을 학문에 두어야지 다른 일에 얽매여서는 안 된다. 반드시 사물의 이치를 궁구하여 선이 무엇인지 분명히 안 다음에야 마땅히 나아갈 길이 앞에 환히 나타나서 차차 발전하게 된다. 그러므로 도에 들어가기 위해서는 무엇보다도 먼저 사물의 이치를 궁구해야 하며, 사물의 이치를 궁구하기 위해서는 무엇보다도 먼저 책을 읽어야 한다. 성현이 마음을 쓴 자취와 본받아야 할 선과 경계해야 할 악이 모두 책 속에 들어 있기 때문이다.

– 율곡 이이, 『선인들의 공부법』

우리가 책을 읽는 이유가 무엇일까? 결국, 삶을 잘살자는 것이고, 행복해지는 데 그 목적이 있을 것이다. 그러면 우리는 그에 맞는 책을 잘 골라 읽을 필요가 있다. 인류의 양서를 먼저 읽으면 좋은 이유다. 그런 책은 우리가 잃어버리고 있는 인간다움을 되찾게 해준다. 이 말은 맹자가 했다. 우리는 기르는 소나 개를 잃어버리면 찾으려고 들지만, 자기 마음을 잃어버리면 찾을 줄 모른다.

책 좀 읽었다 하는 유명인들은 '책 읽지 마라'고 했다. 성철 스님이 그 대표적인 예였다. 그런데 본인은 도서관에 있는 웬만한 책은 읽어보고 그 말씀을 하셨다. 그러면 그분들은 왜 책을 읽지 말라고 했을까? 그것은 바로 특정 사유의 틀을 미리 만들어놓지 말라는 의미일 것이다. 그러니까 보통 사람은 정답을 찾으려는 특성이 강하다. 왜냐하면, 우리는 주입식 교육의 폐해로 그렇게 습관이 생겨버렸다.

이야기를 다른 쪽으로 바꿔서 풀어보자. 보통 사람은 잘살려고 한다. 그 기준은 뭐냐? '남들보다'일 것이다. 그러니까 친구보다, 동기보다, 동료보다 잘살아야 한다는 것이다. 이 비교가 사람이 삶을 이끌어가는 동력이 되고, 마음의 병의 원인이 되기도 한다.

사실 사람은 생각보다 대단한 존재가 아닐 수 있다. 이 이야기를 하려면 매슬로우의 인간 욕구 5단계를 말하지 않을 수 없다. 가장 낮은 단계가 생존 욕구이다. 제일 높은 단계가 자기실현의 단계이고 말이다. 선진국일수록 상층부를 지향할 것 같고, 형편이 어려운 나라에서는 생존 욕구가 가장 중요시될 것이다.

한국은 어떨까? 어려서는 성적이고, 커서는 돈 아닐까? 아직 한국은 선진국에는 해당하지 않고, 그렇다고 아주 못사는 나라는 아니다. 지금은 지식 사회이다. 책을 읽지 않고는 살아남을 수 없는 시대이기도 하다. 책을 스승으로 삼는 사람들에게 유익한 세상이다. 우리 책에서 즐거움을 찾고, 좀 더 책을 가까이해보자.

그리고 한국은 많은 사람이 생존 욕구를 벗어나지 못한 단계인 것 같다. 그러면 다수의 사람은 책을 왜 읽을까? 그야, 책을 읽으면 생존에 도움이 되니까 읽는 것이다. 나는 이것을 나쁘게 보지 않는다. 나도 어려서는 성적 때문에 읽었고, 커서는 돈을 벌려고 책을 읽기 시작했으니까 말이다. 그런데 문제는 다수의 한국인이 이 단계에 머물러 있다는 점이다. 이게 바로 한국의 문제다.

생존 욕구와 마음 욕구, 이 둘의 차이가 느껴지는가? 그리고 또 다른 유형의 독서법이 있다. 바로 시간을 보내는 책 읽기다. 이것은 TV를 보는 것과 다를 바 없는 수동적 여가이다. 그런데 책 읽기는 그나마 능동적 행위이니까 낫다. 그러니까 우리는 이 3가지 범주에서 독서를 한다는 것이다. 생존 욕구 차원에서 독서를 하는 사람이 대다수이고, 수동적 여가로 책을 보는 사람이 다음이고, 잃어버린 마음을 찾으려 독서하는 사람이 마지막이다.

　추사 김정희가 삶의 맛 3가지를 이야기했다. '일독 이호색 삼음주(一讀 二好色 三飮酒)'가 그것이다. 세상 사는 맛의 제일 첫째는 독서를 통해 세상의 이치를 꿰뚫어 아는 것이고, 둘째는 여자와 노는 맛이고, 셋째는 술 마시는 기쁨이다. 책은 그만큼 우리에게 즐거움을 준다. 왜냐하면, 인간은 이성적인 존재이기 때문이다. 즉, 생각하고 사유에 빠지는 것이 사람이기에 그렇다.

5

글쓰기의 유익함

어디서 누구를 가르치든 나는 항상 똑같은 방법론을 주장한다. 바로 '자신의 마음을 믿고, 자신이 경험한 인생에 대한 확신을 키워나가야 한다.'라는 말이다. 이 말은 아무리 반복해도 싫증이 나지 않을뿐더러 나 자신을 더욱 높은 이해의 경지로 끌어올린다⋯⋯. 똑같은 시간을 주었음에도 남보다 많은 분량의 글을 써내는 학생을 보면 나는 기분이 좋아진다. 물론 긴 글이라고 해서 우수한 것은 아니다. 하지만 대개 그런 학생들은 자신의 마음을 하나의 재료로써 탐색하고 있는 게 보인다. 이런 학생들이야말로 그저 '나도 글을 써보겠다.'라는 소망에 머물지 않고 실제로 훈련 과정을 충실히 거쳐 앞으로도 계속 글을 써나갈 수 있는 사람들이다.

— 나탈리 골드버그, 『뼛속까지 내려가서 써라』

사람들은 글쓰기를 어려워하는 듯하다. 그런데 글쓰기란 사실 생각해보면 대단할 것이 없다. 내가 생각하는 좋은 글이란 보통의 사람도 그 글을 읽고 '나도 저 정도는 쓸 수 있겠다.'라는 마음이 떠오르는 것이다.

그리고 자신의 경험을 가진 사람은 그걸 풀어내면 글이 된다. 이 세상에 마흔이 넘은 사람치고 자신의 인생이 소설이 아니지 않은 사람은 없다시피 할 정도다. 그만큼 우리는 우여곡절을 겪으며 힘든 삶을 살아왔다. 자신에게만 있는 그 소재를 끄집어내면 글이 되는 것이다.

사람들은 드라마를 좋아한다. 그런데 싱거운 내용은 재미가 없다. 거기에 익사이팅한 재미가 가미된 드라마가 재미있다. 그럴 수 있는 것은 남들이 겪어본 내용이 아닌, 자기 자신의 드라마를 풀어내기에 그러할 수 있다.

우리는 살아가면서 무엇이든 감동을 받는다. 감동을 많이 받아본 사람의 글이 독자에게 그 느낌을 전해줄 수 있다. 그러니까 마음이 열려 있고, 생각이 깨어 있는 사람은 자연히 좋은 글쓰기를 할 수밖에 없다.

이제 본격적으로 글쓰기의 유익함에 관해 이야기해보자. 글은 언제 어디서나 할 수 있는 작업이라는 지상 최대의 장점을 갖고 있다. 다리가 부러져 병원에 입원해 있으면서 할 수 있는 유일한 작업이 글쓰기가 아닐까 생각된다. 그러니까 어디서나 종이와 펜만 있으면 할 수 있는 것이 글쓰기다.

게다가 운이 좋으면 돈까지 벌 수 있다. 요즘 출판업계가 불황이라 큰돈은 벌 수 없겠지만, 부수입 정도로 적은 금액은 만질 수 있을 것이다. 물론 이것은 보통의 출판사와 출판 계약을 맺어야 가능하겠지만 말이다.

글쓰기를 익힌 때부터는 책을 보는 게 그저 시간 보내기가 아닌 공부와 사색으로 연장된다. 또한, 어디 가서 책을 내고 글을 썼다 하면, 지식인으로 즉 좀 아는 사람으로 대우를 받을 수 있기도 하다.

요즘 치유의 글쓰기가 유행하는 듯하다. 우리는 보통 어려서 제한적이고 상처 있는 아동 시절을 보낼 수밖에 없다. 왜냐하면, 우리를 양육하는 부모들 또한 세상을 살아오면서 갖은 풍파 속에서 상처를 받을 수밖에 없었기 때문이다. 그런데 그 시절에는 치유의 심리학이 발달하지 못했다.

그런데 우리 시절은 다르다. 자신의 마음을 들여다볼 시간과 돈이 마련돼 있다. 우리가 여행을 좋아하는 이유는 밖에서 나와 다른 것을 볼 기회가 생기기 때문이다. 그러니까 치유의 글쓰기가 좋은 이유도 어릴 적 제한된 범위 밖으로 나가, 자신과 만날 수 있기 때문이다.

　열린 생각과 깨인 마음은 그렇게 끊임없이 자신을 깨고 나갈 때 가능할 것 같다. 수많은 철학자가 탐구해놓은 결과는 자신의 과거를 타도하라는 것이다. 이 작업을 하는 데 글쓰기보다 좋은 수단은 없다. 왜냐하면, 글을 쓴다는 것은 자신의 무의식과 만나는 작업이기 때문이다.

　마지막으로 글쓰기의 최강 유익한 점은 재밌다는 것이다. 글을 조금만 써보면 알게 된다. 글은 노력하는 게 아닌, 글이 글을 이끌고 나간다는 사실을 깨달을 수 있다. 글쓰기는 이렇게 다양한 매력으로 우리를 유혹하고 있다.

12 Secrets of
Happy People

스승을
만나는 법

갈림길이 나타날 때마다,

스승이라면 어떻게 했을까,

늘 물어보았다.

1

스승을 만날 뻔했다

세상에 공것은 없습니다. 횡재를 만나면 반드시 횡액을 당하게 마련입니다. 이것은 인과관계입니다. 일종의 복권당첨도 불로소득이니 횡재입니다. 횡재를 만나면 횡액을 당하고 액을 불러들이기 쉽습니다. 무슨 일을 하든지 그 일 자체가 좋아서 해야 하며 그곳에 다른 목적은 없어야 합니다. 세상에는 공것도 거저 되는 일도 절대로 없습니다. 눈앞의 이해관계만 가지고 따지면 공것과 횡재가 있는 것 같지만 시작도 끝도 없이 흐르는 인간관계의 고리를 보면 자기가 지어서 자기가 받습니다.

– 법정 스님 법문, 「부자보다 잘 사는 사람이 되십시오」

내게는 훌륭한 스승이 한 분 존재할 뻔했다. 나의 고집 센 성격 때문에 난 구본형 선생님을 스승으로 만나지 못했다. 인생은 참 묘할 따름이다. '그때 그 일이 일어나지 않았다면'이라는 말을 할 수밖에 없는 것이 사람이 사는 모습이다. 삶은 별의별 일이 모두 일어난다는 것을 우리는 나이가 들어가며 알게 되기도 하는 듯하다.

　난 책을 좋아하던 20대 시절이 있었다. 스승과 같은 훌륭한 분을 만나게 된 계기도 내게는 독서 덕분이었다. 뭐 책을 본다는 것은 세계만방에 존재하는 가장 훌륭한 스승들에게, 그것도 내가 원하는 시간과 공간에서 배움을 얻을 수 있는 좋은 순간이다.

　그분을 만나게 된 건 순전히 나의 호기심 덕분이었다. 난 대학 때도 그랬지만, 졸업 후 방황하는 시절에도 홀로 외롭게 지냈다. 대학 시절부터 혼자 공부에만 집중한다는 핑계로 친구들과의 관계를 거의 끊다시피 하고 살았다. 그러던 내게 선생님과의 조우는 놀라움의 연속이었다.

　책을 통해 우연히 그분을 만나게 되었는데, 대학 때는 잠깐 그분의 책을 훑고 지나가기만 했다. 그러던 내가 대인기피와 사회공포증을 심하게 앓기 시작하면서 인간관계에 관해 왠지 모를 그리움을 가지고 있었던 듯하다.

그때 그분의 홈페이지를 자주 방문하게 됐는데, 거기에는 사람이 따뜻하게 살아가는 모습이 내 눈에 띄었다. 외롭고 고독하게 살아가던 내게, 그곳은 신세계였다. 그래서 나는 미친듯이 선생님의 홈페이지에 빠져들었다.

그때는 내가 20대 중반의 시기라, 지금 되돌아봐도 치기 어린 풋내기의 시절이었다. 그랬던지라 거기서 혼자 잘난 척도 많이 하며, 왜냐하면 책을 읽어 스스로 아는 것이 많다 생각하였다. 당연히 그랬던 나였기에 실수도 자주 하였다. 그런데 선생님은 그런 나에게 한 번도 지적하지 않으셨다. 선생님은 그렇게 넉넉하신 분이었다.

20대 후반에 내가 결정적인 어려움을 맞게 되는 순간, 선생님과의 만남도 가지게 되었다. 인생은 신기하게도 횡재를 만나면 횡액도 같이 따라온다는 말이 맞는 것 같다. 그때 나는 너무 힘든 시기라 선생님에게 제대로 된 제자의 모습을 보여드리지 못했다.

한마디로 말하면, 그때 나는 정신이 미쳐 있을 정도였다. 제대로 되는 건 하나도 없고, 내 마음 안에는 분노만 가득히 쌓여가는 시절이었다. 다행히 선생님은 내공이 상당히 깊은 인생의 고수셨기에, 그런 나를 있는 그대로 받아주셨던 것 같다.

젊어서 우상과도 같은 선생님을 만났다는 것 자체가 나에게는 영광

스러운 시간이었다. 그리고 시간이 흘러 요즘은 모든 것을 나의 스승으로 삼고 있다. 또한, 내 인생에는 법정 스님이 존재하고, 나의 심리 상담가 선생님이 계신다. 스승의 존재는 이처럼 빛나는 것이다. 그분들은 우리에게 어두운 밤의 달빛과도 같은 영향을 준다.

2

책을 본다는 것

독서는 사람 여행입니다. 세계 최고의 인물들을 만날 수 있습니다. 그것도 가장 내 맘에 드는 사람을 꼭 찍어 사귈 수 있습니다. 저는 사마천의 '사기열전'을 좋아합니다. 이 책 속에는 고대 중국의 특별한 인물들의 가장 특징적 순간들이 포착되어, 엄청난 감동을 주는 휴먼 드라마를 보는 듯합니다. 유일한 부담이 있다면 책이 두껍다는 것이지요. 그러나 두꺼운 책의 장점도 있습니다. 그건 얇은 책들이 우습게 보인다는 점입니다. 마치 높은 산을 넘고 나면 갑자기 산과 친해지는 것과 같습니다. 저는 늘 책상 위에 이 책을 놓아둡니다. 삶이 시시해지면 아무 곳이나 펴 읽습니다. 그러면 삶이 되살아납니다.

– 구본형 칼럼, 「나의 독서법 – SBS와 함께하는 독서의 기쁨 캠페인」

청춘의 시절은 뭐니 뭐니 해도 지를 수 있어야 한다. 이때 지른 폭과 깊이가 향후 인생을 좌우하기 때문이다. 인생은 결코, 짧지 않은 마라톤과 같다. 다들 스펙을 쌓아서, 정규직으로 취업하면 인생이 끝이라고 생각한다. 그런데 그건 또 다른 출발선에 불과할 뿐이다. 그러니, 무한한 시도와 실패가 허용되는 젊은 시기에는 자신에 관한 탐구를 하는 게 좋다. 이때 좋은 책을 읽고, 자신의 마음에 갈무리를 해두면 앞으로 나타나는 수많은 갈림길에서 큰 도움이 된다. 그래서 좋은 작가를 남겨놓는다.

가장 먼저 변화경영사상가 구본형 선생님을 추천한다. 이분은 한국 직장인들의 최고 멘토인데, 젊은이들에게도 해당된다. 보통의 직장인이셨는데, 인문학적 소양과 배움에 대한 열정이 남다른 분이셨다. 그래서 43살에 첫 책을 쓰기 시작해 한국에서 자아경영 분야에서 베스트셀러 작가이기도 하셨다. 이분의 책으로는 『사자 같이 젊은 놈들』이 추천할 만하다. 구본형 변화경영연구소를 검색해서 들어가면 이분이 쓴 훌륭한 칼럼도 많으니 참고하자.

다음으로 고전평론가 고미숙 선생님을 추천한다. 이분은 이미 청춘들에게 유명해져 있다. 나는 일주일 전에야 이분의 강연을 듣게 됐다. 예전에 『호모 쿵푸스』 즉, 공부하는 인간을 재밌게 읽은 기억이 있다. 이분은 자본주의하에서 노예로 길들여지지 말고, 그 길에서 벗어나길 이야기하시는 듯하다. 연암 박지원을 좋아하시는데 거기서 많은 통찰을 얻어, 유쾌하고 시원한 강연을 해주신다. 나는 아직 이분의 책은 위에 책 한 권만 읽었으므로, 강연을 추천한다. 유튜브에서 고미숙의 '나는 누구인가'를 검색하면 나온다.

또한, 잘 알려진 딴지총수 김어준 씨를 추천한다. 이분은 젊음 그 자체를 사셨다. 그래서 청춘이라면 꼭 한 번은 훑고 지나쳐야 후회가 없다. 이분도 유튜브에 유명한 강연이 3개 있다. 쉽게 찾을 수 있다. 아주대와 어느 논술 학원과 마이크임팩트 강연이다. 그리고 고민상담집 『건투를 빈다』는 너무 유명해서 내가 추천할 필요조차 없겠다. 명랑 사회 구현이 이분의 구호였다. 젊음과 잘 어울리는 분이니 한 번 읽고 가자.

동양의 관계 미학을 논한 신영복 교수님도 추천하자. 동양고전을 강독한 『강의』는 서구의 존재론에 맞서, 동양의 관계 미학을 정리해볼 수 있는 아주 훌륭한 책이다. 특히, 노자와 논어를 풀이한 내용은 압권이다.

마지막으로 철학자 최진석 선생님을 추천한다. 이분의 책을 한 번은 읽고 지나가면 좋다. 『인간이 그리는 무늬』란 첫 산문집이 좋다. 이 책을 읽으면 버릇없어질 것, 즉 자기 멋대로 사는 삶에 대해 접근할 수 있다. 그리고 더욱 창의적인 자신과 만날 수 있게 된다.

다음으로 책을 추천해본다. 인간의 마음해부도를 살필 수 있는『신화의 힘』을 강추한다. 내가 제일 좋아하는 책이다. 시집은 정호승 시인을 추천한다. 고뇌하는 분이고, 슬퍼하는 시인이시다. 인문학자는 철학자 김용규 선생님의『철학카페에서 문학읽기』와『철학카페에서 시읽기』를 추천한다. 은근하게 스며드는 매력이 있는 책이다. 문학은 헤세의『나르치스와 골드문트』와『싯다르타』가 쉽게 접근할 수 있어 추천한다. 대학원에서 상담심리학을 전공해 심리치료 서적은 모두 좋아한다. 스캇 펙, 낸시 맥 윌리엄스, 롤로 메이, 존 브래드쇼, 이무석, 칼 융 등의 작가가 좋다.

3

위대한 우연과 운

한신이 이인자가 되어 유방을 보좌할 때 유방은 그를 정성껏 대우했다. 자기의 수레로 한신을 태워주었고, 자기의 옷을 입혀주었으며, 자기가 먹을 것을 나누어 주었다. 한신 역시 "남의 수레를 타는 자는 그의 우환을 제 몸에 지고, 남의 옷을 입는 자는 그의 근심을 제 가슴에 품으며, 남의 것을 먹는 자는 그의 일을 위해 죽는다."는 말을 명심하고 있었다. 이 관계가 지속되는 동안 그들은 서로 훌륭한 동지이자 파트너였다. 그렇게 한 제국은 능력 있고 열정을 가진 충실한 협력자들에 의해 만들어졌다.

— 구본형 칼럼, 「인재를 얻는 법」

머리가 아픈 후 2년이란 시간이 흘러 나는 주변의 정신건강의학과를 방문해 또 운이 좋게도 좋은 정신과 선생님을 만나게 된다. 심리상담가 선생님은 순전히 운으로 만나게 되었다. 그냥 난 가까운 곳에 있는 병원을 찾아가기만 했으니까 말이다.

우리는 훌륭한 사람을 만날 수 있어야 한다. 또 그런 사람 한 명은 가까이에 두고 살아야 한다. 그런 사람들을 어떻게 알아볼 수 있을까? 그들은 대체로 예를 들어서 설명해 줄 수 있다. 그래서 귀에 쏙쏙 박힌다. 초등학생도 알아들을 수 있을 정도로 명쾌하다. 군더더기 없다.

우리는 삶에서 훌륭한 한 사람을 얻어야 한다. 그 사람이 스승일 수도 있고, 친구일 수도 있고, 선배일 수도 있고, 배우자일 수도 있다. 나의 경우에는 상담가 선생님이 그렇다. 나에게 정성을 다 기울여주시는 것으로 느껴지고, 상담할 때마다 신선하고 따뜻한 시간을 만들어주신다.

예전에 상담 시간이 아닐 때 우연히 선생님 방에 들어간 적이 있었는데 매우 엄격한 모습도 지닌 분으로 생각된다. 선생님의 모든 모습에서 나는 영감을 받는다. 그런데 충실한 사람이 못 되는 나는 떠오른 생각을 실행으로는 옮기지 못할 정도로 아직은 게으른 편이다.

선생님과는 12년을 만나고 있다. 그 시간은 내게 많은 치유를 주었다고 생각한다. 처음에는 상처 입어 내 입장만 견지하려고 했는데, 조금씩 다른 사람의 이야기를 수용하게 되었다. 이렇게 되는데 나에게는 12년이라는 시간이 필요했다.

그만큼 살아오면서 내 안에 쌓인 상처가 많았으리라. 그 상처는 세상을 향한 분노로 변해 있었고, 그 분노의 크기만큼 나는 딱딱한 사람이 되어 있었다. 인생을 함께 하는 사람과는 에피소드가 만들어지는 법인데, 아쉽게도 나는 선생님과 특별한 에피소드가 아직 없다. 서로 상담가와 내담자로 만났기에 상담 시간에 주고받는 에너지가 그 에피소드를 대신하겠지만 말이다.

그리고 나에게는 한 분이 더 있다. 바로 매일 같이 생활하는 회사 선배이다. 첫 취업을 한 지 11년이 지났으므로 선배와는 그 시간만큼 우정을 나눈 것 같다. 물리적인 시간으로 치면 같이 붙어 다닌 지가 상당하니 그 이상일 수 있겠다.

처음에 선배는 나의 황당한 말들을 잘 들어주었다. 그렇다. 내 얘기를 마치 상담가인 것처럼 계속 잘 들어주셨다. 들어준다는 것만으로도 치유가 이뤄진다는 걸 그때 조금 깨달은 것 같다. 지금도 여전히 잘 들어주신다. 선배와는 여행도 많이 다니고, 특별한 시간을 나눠 가지기도 했다. 내게 때로는 스승으로, 때로는 친구로 다가와주는 좋은 분이다.

나의 경우 편견이 많았는데 마음이 따듯한 분들과의 만남을 통해 나의 고집이 꺾인 것 같다. 두 분과 나눈 시간은 내 안에 사랑을 불어넣었다. 그렇게 나의 마음을 넓어져 갔다. 그리고 왜곡된 시각도 갖고 있었는데, 두 분과 만나 새로운 삶의 경험을 하면서 끝없이 되풀이되던 망상적이고 허무한 관점은 생명력을 잃고, 나의 삶은 다시 생기를 되찾게 되었다.

4

제자로 준비되어 있기

　공자 무기가 사람을 찾아내는 방식을 배우자. 늘 귀를 열어놓아 좋은 사람이 있다고 하면 즐겨 그 사람을 찾아가 예를 다해 자신의 사람으로 만들었고, 그 새 사람으로부터 또 좋은 인재를 추천받았다. 후영을 자기 사람으로 만든 다음, 다시 그의 친구 주해를 추천받았다. 그리하여 그의 주위에는 유능한 인물들이 가득해지는 것이다. 인재가 없는 것이 아니라 좋은 사람을 발견하지 못하는 경우가 더 많다. 설혹 그런 사람을 알고 있다 하더라도 자신을 굽혀 자신의 사람으로 만들지 못하는 것이 더 큰 문제이다.

－구본형, 『사람에게서 구하라』

사람이 준비되면 위대한 일이 일어나고, 제자가 준비되면 위대한 스승이 나타난다. 이 말은 스승을 찾는 우리가 귀 기울여 들어야 할 이야기다. 모든 사람에게 같은 일이 벌어지고, 또 같은 사람임에도 그 인물은 다르게 느껴진다.

인생은 모두 자기가 지어서 받는 것이다. 불교에서 말하는 업의 개념도 같은 말이다. 우리는 이 순간 자기 업을 만들며 살아간다. 그러니 하루를 최선을 다해 살아야 할 필요가 있다. 오늘을 마지막 날처럼 살아가는 사람이 그래서 잘 사는 사람이다.

내 생각과 경험에 따르면, 자신을 낮출 수 있는 사람은 훌륭한 스승을 만나게 되는 것 같다. 스승이라는 것은 내 안의 메아리가 울림으로서 관계 맺게 되는 분이다. 자신의 배움에 열정을 쏟는 사람은 좋은 선생님을 만날 수밖에 없다. 그 스스로 그런 제자로 준비되어 있기 때문이다.

훌륭한 스승이란 이런 분이다. "보통의 선생은 그저 말을 하고, 좋은 선생은 설명을 해주고, 훌륭한 선생은 스스로 모범을 보이고, 위대한 스승은 영감을 준다." 이것도 구본형 선생님이 인용한 글에서 가져왔다. 손색이 없을 정도로 분명한 내용이다. 스승 자신의 삶으로 모범이 되는 분, 그리고 그 삶에서 영감을 끊임없이 주는 분이 훌륭한 스승이다.

살아가다 우연히 자신의 마음을 깊이 숙일 수 있는 사람을 만나면, 그냥 지나치지 말자. 실제로 그런 분을 만나는 것 자체가 놀라운 일이다. 그리고 인생을 살아본 사람들은 잘 알겠지만, 그런 분을 만날 기회도 별로 없다. 자신의 배움에 충실한 사람은, 앞선 세대에 머리를 숙일 수 있다.

우리들의 삶은 죽을 때까지 내면이 성장해가는 시간이다. 제자로 준비되어 있기 위해서 자기 자신의 인생 전체를 잘 이해하고 있을 필요가 있다. 자신의 어린 시절이 어땠는지, 그리고 청소년 때와 청년 때의 삶은 무엇이었는지를 깨달을 필요 또한 있다. 우리가 간절히 바랄 때 우주가 우리의 목소리에 응답할 것이다. 자신의 온 열정을 쏟고 노력할 때 세상은 보답하는 법이다.

선종의 조주 스님의 예가 있다. 법정 스님이 말한 구절을 짧게 살펴보자. "조주 스님은 어려서 출가를 했습니다. 절에서는 견습 승려일 때를 사미라고 부르는데, 사미 때 남전 스님을 친견하게 됩니다. 남전 스님은 당대의 이름 높은 큰스님이었습니다.

사미는 남전 스님을 자기 스승으로 여기고 예배드린 것입니다. 남전 스님도 그를 매우 기특하게 여겨서 특별히 보살피게 됩니다. 이와 같이 조주 스님은 어렸을 때부터 번쩍이는 선기, 곧 선의 기틀을 지닌 분이었습니다. 수많은 생 동안 수행을 해왔기 때문일 것입니다."

‘스승과 제자가 만나서 처음 주고받는 문답은 매우 중요합니다. 한 생애를 좌우합니다. 두 사람의 관계 속에서 한 생애를 주고받습니다.’ 조주 스님의 경우처럼 우리도 준비되어 있을 때 훌륭한 스승과 관계 맺고, 우리의 인생은 더욱 깊어지게 된다.

5

마음이 열려 있어야

우리가 괜찮지 않다는 것, 우리 모두는 좋은 상황에 있지 않다는 것, 완전하지도 않다는 것, 죄 없이는 존재할 수도 없다는 것을 깨닫게 되려면, 깨어지는 순간이 필요하다. 우리가 성장하려면, 죄의식을 느끼는 순간들, 회개의 순간들, 자만심을 버리는 순간들, 우리 자신을 불편하게 만드는 시련을 견디는 순간들이 반드시 필요하다. 하지만 이런 순간에도, 역시 우리 자신을 소중히 하고 사랑해야 한다. 우리 자신을 사랑할 수 없고 완전하다고 느껴지지 않을 때조차 우리는 자신을 사랑해야 한다. 사실, 우리가 스스로를 사랑해야만 우리 내부에서 뭔가를 움직일 필요가 있다는 자각을 얻게 된다.

— 스캇 펙, 『끝나지 않은 여행』

내가 예전에 메모해둔 어느 글을 봤다. 거기에는 이렇게 적혀 있었다. "난 너무 많은 사랑을 받았다. 난 저항했지만 그분은 줬다. 그래서 난 사랑에 항복했다. 그리하여 사랑하기로 했다."

그분은 내가 세상에서 기댈 곳이 전혀 없을 때, 끝까지 사랑을 보여 주셨다. 난 불안정 애착이고, 그중에서도 회피 애착이라 끊임없이 관계를 끊고 도망가려고 했는데, 그분은 내게 사랑을 주었다.

난 구본형 선생님을 몇 번 못 뵈었지만, 뵐 때마다 인상적인 장면을 추억하고 있다. 가장 큰 사랑은 내가 정신이 미쳐 돌아갈 때 받은 것 같다. 그렇게 스승은 결정적인 순간 우리에게 영향을 끼친다. 아마 그때 선생님의 사랑이 없었다면, 나는 지금쯤 구제불능의 지진아가 되어 있을 것이다.

교회란 곳에 갈 리가 전혀 없던 내가, 예전에 교회에 나가보는 것으로 결심한 계기도 그분의 영향이 컸다. 난 하나님의 사랑이 무엇인지 잘 모른다. 그만큼 난 내가 보고 경험한 게 아니면 잘 믿지 않는 유물론자였으니까 말이다. 그런데 선생님에게 받은 사랑이 꼭 하나님이 주는 사랑과 비슷하다는 기분을 느끼게 됐다. 그렇게 나의 종교 생활은 시작되었다.

평상시에는 양서도 읽지 못하였는데, 선생님을 만난 후 내가 보는 책 수준이 한 단계 나아졌다. 그리고 그때까지는 책으로만 사람이 성장한다고 생각하던 나였는데, 사람은 사람에게서 가장 큰 영향을 받는다는 것도 선생님을 만나고 처음으로 알게 되었다.

선생님은 이제 돌아가고 안 계신다. 사람을 내 마음에 품을 수 있게 된 것도, 세상에 내 마음을 열게 된 것도 선생님의 영향이 크다. 물론, 내가 선생님을 어느 정도 우상화하는 것은 알고 있다. 그런데 인생에는 그렇게 결정적인 영향을 끼치는 인물이 존재하기 마련이다. 관계가 빈약했던 내게, 선생님은 그런 역할이 되어주셨다.

정신의학자 스캇 펙을 나는 좋아하는데, 이분도 마음속에 사랑을 많이 지닌 작가로 생각된다. 스캇 펙의 글을 읽을 때마다 나의 마음은 사랑으로 충만함을 느끼니까 말이다. 좋은 작가는 그렇게 우리의 인생을 깊게 만들어준다.

이제는 내 차례가 된 것 같다. 이제 나이도 어느덧 인생의 중반에 접어들기도 했다. 나도 기회가 될 때마다 사랑이 필요한 사람들에게 내 따뜻한 마음을 전해주고 싶어졌다. 아직, 결혼하지 않았고, 그래서 아이들이 없어서 사랑을 주는 것에 어색할 수 있는데, 세상을 사랑해보고 싶어졌다.

마음이 공허하고, 무의미를 잘 느끼던 내가 내 마음속에 사랑을 심을 수 있었던 것도, 훌륭한 분들의 사랑을 받았기 때문이다. 그러므로 나 또한, 세상에 사랑을 주고 싶다. 아직 종교를 깊이 믿지 않지만, 믿음 소망 사랑이란 말은 절묘하게 인생을 잘 나타내는 것 같다. 우리는 믿음을 가지면, 소망할 것이 생기게 되고, 사랑하게 된다. 반대로 사랑을 많이 받으면, 믿음이 생기고, 인생을 소망하게 된다.

12 Secrets of Happy People

11

인생에서
성공하는 법

절실하고, 준비를 한 자가

기회를 만나는 것,

이것이 성공이다.

1

업을 만들며 살아간다

사람들의 얼굴이 다르다는 사실이 얼마나 다행스러운지 몰라요. 만약 사람의 얼굴이 두부모나 양화점에서 만든 신발처럼 똑같다면 꽹장히 혼란스러울 겁니다. 엄마한테서 물려받은, 이 세상에 처음 나올 때의 얼굴은 아직 반죽이 덜 굳은 상태예요. 세상을 살아가면서 스스로 자기 얼굴을 형성해가는 거예요. 자기답게 살아야 자기 얼굴을 갖출 수 있지, 자기답게 살지 못하고 남을 닮으려고 한다면 자기 얼굴을 지닐 수가 없습니다. 울고 싶을 때 울 수 있고 웃고 싶을 때 웃을 수 있어야 돼요. 눈물과 웃음은 얼굴에 환기 작용을 합니다. 순간순간 새롭게 피어날 수 있어야 돼요. 꽃처럼 순간순간 새롭게 피어날 수 있어야 사람이지, 똑같이 되풀이하고 틀에 박혀서 벗어날 줄 모르면 사람이라고 할 수 없어요.

– 법정 스님 법문집, 『좋은 말씀』

우리가 사회에서 듣고 자라는 성공은 어려서는 공부를 잘해서 좋은 학교에 가는 것이고, 어른이 되어서는 좋은 회사에 들어가 돈을 많이 버는 것이다. 아직 후진국형 사회에 속하는 한국은 이 두 가지 잣대로 사람을 파악하려 한다. 세상은 변화무쌍하고 다양한데 좁은 범주로 사람을 이해한다는 것은 지적 지진아에 가까운 사고방식이다.

나는 기본적으로 타고나는 것, 그러니까 부모님이 물려주는 재산 같은 것과 태어날 때 하늘로부터 받은 신체로 이루는 것은 성공의 기준으로 보지 않는다. 사람들은 잘생기고 아름다운 얼굴을 찬양하고, 많은 돈을 물려받는 걸 부러워한다. 그런데 그런 것처럼 허망한 것도 없다. 불교에서 말하는 업보라는 게 있듯이, 사람은 아름답든 돈이 많든 결국 스스로 업을 만들어가며 살아가게 돼 있기 때문이다.

얼굴이란 무엇일까? 나는 법정 스님이 내린 정의를 좋아한다. 얼굴이란 곧 얼의 꼴이라는 것이다. 그러니까 우리의 정신과 영혼을 비추는 거울이라는 의미다. 그래서 타고나는 얼굴은 아직 미완성의 모습으로 본다. 진짜 자기 얼굴은 살아가며 기쁨과 고난을 겪으며 만들어지는 것이다.

이제 우리는 절대적 행복지수에는 도달했다. 그래서 앞으로 우리에게 필요한 것은 상대적인, 즉 자신의 가치관에 따른 행복의 정의다. 지금도 누군가는 워커홀릭이 되어야지 회사에서 성공할 수 있다는 가정을 할 것이다. 이는 지금 시대에는 불행한 사람이다. 물론 경제 불황을 겪고 있는 시절에 이 말은 사치로 여겨지는 듯하다.

그러나 인생은 그렇게 단선적으로 이뤄져 있지 않다. 일과 가정이라는 모순의 가치는 균형을 이뤄 통합된다. 굳이 선택과 집중이란 말을 하지 않더라도, 정말 일을 효과적으로 잘하는 사람들은 자신이 하는 일의 맥을 붙잡고 있다. 인풋이 아웃풋을 보장하는 시대는 지난 것이다. 스마트 워크가 중심이 되는 세상으로 우리는 도약했다.

내 마음속은 복잡하기 그지없다. 이것은 비단 나만의 일이 아닐 것이다. 인간의 내면은 니체와 프로이트가 말하지 않았어도 그 껍질과 무의식을 찾아가는 일은 어렵다. 니체는 인간은 자신의 본래 모습을 발견하기 위해 수천 겹으로 쌓인 껍질을 벗겨가야 한다고 말했다.

그리고 프로이트도 우리가 알아차리지 못하는 무의식이 우리를 지배하고 있다고 했다. 그러니까 우리가 인식하고 있는 범위가 확장되면 무의식으로의 접근이 가능하다. 이것을 도와주는 작업이 심리치료이다. 자신의 무의식에 도달하는 사람은 이제 비범한 자의 광채를 드러낸다. 자기가 누군지 점차 분명하게 알게 되기 때문이다.

나처럼 젊어서 고생을 많이 한 사람들은 마음속이 모순덩어리가 돼 있기 쉽다. 그런데 하나 다행인 것은 모순을 품지 않고 마음이 넓어질 수 없다는 것이다. 세계적인 신화학자의 책에서 본 내용인데, 이그주 가르주크라는 원시 에스키모인이 이런 말을 했단다. 위대한 참 지혜는 인류에게서 멀리 떨어져 있다. 그것은 오로지 고통받고 버리는 마음을 통해서만 도달할 수 있다.

그러니까 고통을 받을수록 그들은 참 지혜에 도달 가능하다고 생각하는 것이다. 이것이 인류의 모습이고, 특히 샤먼이라고 불리는 사람들 또한 그러한 지혜에 닿는다. 샤먼은 젊어서 신병을 앓는 사람들이, 스승 샤먼으로부터 가르침을 받아 영적 스승이 되거나 집단 속에서 미래를 예언하는 스승이 된다. 이들이 예로부터 인간 동아리를 지켜준 사람들이었다.

2

자기 그릇을 이해하기

차지하거나 얻을 수 없는 것을 가지려고 할 때 우리는 가난해진다. 그러나 지금 가진 것에 만족한다면 실제로 소유한 것이 적더라도 안으로 넉넉해질 수 있다. 우리가 적은 것을 바라면 적은 것으로 행복할 수 있다. 그러나 남들이 가진 것을 다 가지려고 하면 우리 인생이 비참해진다. 사람은 저마다 자기 몫이 있다. 자신의 그릇만큼 채운다. 그리고 그 그릇에 차면 넘친다. 자신의 처지와 분수 안에서 만족할 줄 안다면 그는 진정한 부자이다. 이 봄에 함께 생각해볼 일이다.

— 법정 스님, 『아름다운 마무리』

사람과의 만남은 상대가 어떤 사람인지가 결정적 작용을 하는 게 아닌 것 같다. 특히 이성과의 만남은 더욱 그렇다. 자기가 어떤 사람인지가 더 중요하다. 이를 통해 자신의 한계선을 알 수 있고, 자기의 생겨 먹은 꼴 또한 알 수 있게 된다.

나는 어렸을 적 불안정 애착으로 뿌리 깊은 불안이 있다. 그리고 머리 열등감으로 인해 건강한 학창 시절을 보내지 못한 듯하다. 그렇다고 내가 이것에 불만이 있느냐면 전혀 그렇지 않다. 다만 이것이 나의 생겨 먹은 대로의 모습이라는 것이다.

역시 누군가도 말했듯이, 연애가 자기 생겨 먹은 꼴을 알 수 있는 가장 좋은 방법의 하나인 것은 확실하다. 사람은 사람과의 만남을 통해 자신을 발견할 수 있는 것 같다. 무감어수 감어인(無鑑於水 鑑於人)이란 말이 괜히 나온 것이 아니란 생각이 든다.

자신의 단점과 한계선을 알 수 있을 때도 자신을 더욱 잘 이해할 수 있다. 나는 이것을 며칠 전에 절제의 미학이라고 표현했는데, 자신의 못난 점을 수용하면 우리는 그만큼 자신에게 너그러워질 수 있다. 남과 비교를 덜 하게 되고, 남의 시선에 덜 신경 쓰는 자신과 만날 수 있다.

나는 다소 어린이의 마술적 사고방식에 빠져 있는데, 내가 원하면 그것이 대부분 이뤄질 것으로 생각한다. 그런데 나도 이제는 철이 들어가는지 어느 정도는 현실에 맞는 방향으로 고려한다. 자기 단점을 인식하지 못하고 행동하는 사람은 그러니까 폭주하는 열차와 비슷한 상태에 빠진 것으로 볼 수 있다. 그리고 그것만큼 어리석은 행동도 없는 것 같다.

자기를 이해할 수 있는 가장 좋은 방법의 하나는 독서라고 생각한다. 나는 독서 예찬론자이기에 책 읽기를 빠트릴 수 없다. 동서고금 세계 최고의 인물과 나란히 앉아 사사 받을 수 있는 가장 좋은 방법이다. 더구나 독서는 자신이 마음이 가는 대로 인물을 선택할 수 있다. 그 인물에게서 1대1로 배움을 얻을 수 있으니 가장 좋지 않겠는가?

다음으로 앞서 조금 언급한 자기의 어린 시절의 양육 모습과 심리적 모습을 살피면 좋다. 인간은 어려서 6세까지 양육자에게 어떻게 길러지는지에 따라 그의 심리적 운명이 정해지는 존재라고 한다. 이것이 프로이트가 밝힌 정신 분석의 기초다. 나이가 많이 든 사람들은 이것을 쉽게 생각하는 특성이 있는데, 인간에게는 무의식이란 게 중요한 작용을 하므로 간과해선 안 될 것이다.

나는 개인적으로 자신의 뿌리를 찾는 과정을 좋아한다. 그래서 나의 경우에는 심리치료나 정신의학에 관한 책을 유심히 찾아 읽게 된 거 같다. 특히 내가 좋아하는 작가는 스캇 펙이다. 그는 사람이 힘들게 살아가는 이유를 잘 찾아 독자에게 삶에 관해 이해시켜주었다.

3가지 정도로 자기를 이해하는 법을 이야기했는데, 뭐니 뭐니 해도 자기의 의지가 가장 중요할 것 같다. 자신의 그릇은 자기가 만들어가는 것이기도 하니까 말이다. 나의 경우에는 노력하는 것보다 타고나는 것에 방점을 찍지만, 사람에 따라서는 그릇의 확장이 가능도 한 것 같다.

3

길 위에서 죽는 여행자

나는 인생이란 답이 있는 것이라고 생각했다. '훌륭한 인생은 정의될 수 있다.'는 가정이 나에 대한 탐험을 시작할 때의 마음가짐이었다. 따라서 무엇이 되고 무엇을 할 수 있는가가 최대의 관심사였다. 인생은 이루는 것이라고 생각했다. 그리고 성공하고 싶었다. 내가 계획한 어딘가에 반드시 도착하고 싶었다. 도착하는 것은 곧 성공이었다. 아마 그럴 것이다. 그러나 나는 그곳에 도착하지 않아도 성공할 수 있다는 것을 알게 되었다. 여정 자체로 훌륭한 여행이 될 수 있다는 것을 알게 되었다. 길 위에서 끝나는 여행도 위대한 여행이 될 수 있다는 것을 깨닫게 되었다. 이것이 10년 동안 내 길을 가려는 노력의 결과로 알게 된 평범한 깨달음이었다.

— 구본형, 『마흔세 살에 다시 시작하다』

나 또한 다른 사람들과 마찬가지로 얼마 전까지는 목표에 도달하는 것을 성공으로 생각했다. 그런데 목표를 이루지 않고도 행복하게 살 방법을 찾아냈다. 예를 들면, 여행자는 어디에 도착하는 것을 여행의 목적으로 삼지 않는다. 여행길 위에서 만나고 경험하게 되는 그 모든 과정이 여행인 것과 마찬가지로, 길 위에서 죽는 여행자보다 완벽한 이는 없을 것이다.

그러니까 우리 삶의 목적도 어느 학교에 들어가고, 일류 회사에 취업하고, 일등 배우자를 만나는 게 아니라 우리 삶 그 자체를 사는 것이다. 그렇게 살 수 있는 사람은 비록 남들이 선망하는 것을 소유하지 못하더라도, 행복한 삶을 살았다고 볼 수 있다. 삶의 목적은 행복인데, 그들보다 더욱 행복한 사람들은 없다.

'내가 나 아닌 다른 누군가가 되는 것은 불가능하다.'라고 딴지총수 김어준 씨는 어느 글에서 썼다. 난 온전히 자기 자신이 되라는 그의 주장을 좋아한다. 물론 법정 스님도 '나는 누구인가?'라는 물음을 내게 자주 던져주신다. 그런데 나는 솔직히 김어준 씨의 쿨함에 더 끌리는 사람이다.

요즘 하나의 결심을 했다. 나는 경쾌함을 추구하기로 말이다. 그렇다고 내가 내 삶의 북극성인 '성장하려는 사람들과 함께 합니다.'라는 방향을 포기하는 것은 아니다. 난 이 둘의 모순되는 것을 통합시킬 것이다. 그러니까 나는 경쾌한 동기부여가, 혹은 경쾌한 코치 정도가 내게 어울린다는 걸 깨달았고, 그 길을 가고 싶어졌다.

'당신이 걸려 넘어진 곳에 당신의 보물이 있습니다.'라는 말을 좋아한다. 그리고 요즘 끌리는 문장이기도 하다. 나는 사람에게서 넘어졌다. 관계 못 맺기로 한국에서 손에 꼽힐 것이다. 이런 단점에도 불구하고 나는 이것을 전혀 걱정하지 않는다. 왜냐하면, 내 스타일에 맞게 관계를 맺으면 되기 때문이다.

대인 관계에서 나의 특성은 겸손하다는 것이다. 이것보다 나는 타인을 배려하길 좋아한다. 그래서 난 경청에 익숙하다. 어제 어느 글을 보는데 잘 들어주는 사람 곁에 사람이 모인다고 하더라. 『모모』란 책에서도 주인공 여자아이가 오로지 들어주기만 하는데 사람들은 그 아이에게 모든 걸 털어놓고 친구가 되었다 한다. 나도 이처럼 할 수 있을 것이다.

왜 내가 경쾌함을 추구하는지 모르겠다. 혼자서 지내길 좋아하는 나는 솔직히 좀 지루하고 심심하게 살아가는 게 맞다. 그런데 내 안에는 분노하는 아이가 있다. 그래서 아직 그 아이는 세상을 놀라게 하는 것에 관심이 있고, 나보다는 타인의 인정을 더 바라는 듯하다. 그러면 이 마음을 난 알아주면 되는 것이다. 세상에 완벽한 사람은 없다고 했으니까 말이다.

아이가 사랑스러운 것은 불완전하기 때문이다. 머리는 아주 큰데, 몸은 작다. 이 불균형을 사람들은 사랑하지 않을 수 없다. 그리고 좋은 책이라 불리는 것은 진실에 진실한 작가가 피로 쓴 책이다. 이 역시 불완전해서, 그리고 진실해서 우리에게 매력적으로 다가오는 것이다.

삶은 운이 팔 할이라고 했다. 그러니까 노력보다 어떠한 순간에 우리가 어떻게 반응하고, 그것에 이끌리는지에 따라 그 사람의 인생은 결정되는 듯하다. 나의 어릴 적 모습을 보더라도, 지금의 나와 같은 비전을 지닌 사람으로 살아가리라고는 결코 생각할 수 없었다.

나는 10년이고, 20년이고 쓸 것이다. 이게 좋으니까 말이다. 그리고 대뜸 베스트셀러 작가가 되는 것보다는, 내가 그 자체를 좋아하고 행복해하는 작업이면 끝까지 갈 것이다. 이 단계에서는 잘하고 못하고는 중요하지 않다. 그저 내 운명의 길을 가면 되는 것이니까 말이다.

4

사람에게서 구하자

 사람 사는 것은 태반이 사람과의 만남이다. 얼굴을 직접 맞댈 때도 있지만 만남은 간접적일 때도 많았다. 책으로 만나고, 영화로 만나고, 음악으로 만나면서 나는 다시 사람들이 좋아졌다. 살면서 피할 수 없는 것이 사람과의 만남이라면 즐기리라. 사람들 이야기 속에서 나는 다시 사랑을 찾게 되었고, 연민을 찾게 되었으며 분노를 보게 되었고, 관용을 찾게 되었다. 위대함을 보게 되었고, 훌륭함을 인정하게 되었다. 과거에 나는 얼마나 완벽한 훌륭함인가에 관심이 있었다. 흠 없이 아름다운 사람을 동경했다. 이제는 훌륭함 속에 존재하는 불완전한 것들의 고통을 보게 되었다. 불완전하다는 것, 그것이야말로 우리는 스스로 '어제보다 아름다운 나'를 만들어갈 수 있는 변화의 동력이었다. 겨우 인생의 맛을 알기 시작한 것이다.

– 구본형, 『사람에게서 구하라』

사람이 살아간다는 것은 사람과의 만남을 전제로 한다. 그래서 사람과 사람 사이에 인생의 모든 중요한 것들이 들어 있다고 현명한 사람들은 말한다. 어느 책에서 보니 좋은 친구를 갖는 것과 편안한 배우자를 만나는 것, 그리고 자신의 천직을 일로써 하는 것을 행복하고 성공적인 삶의 기준으로 이야기했다.

우리가 신의 있는 사람이 될 때 좋은 친구를 만날 수 있다. 그리고 이해심 많은 사람이 될 수 있을 때 편안한 배우자를 갖게 될 것이다. 또한, 하는 일에 정성을 쏟을 때 천직을 발견할 수 있다. 이처럼 삶은 우리 마음을 투영하는 거울이다. 세상이 아름답게 보이는 사람은 그 사람의 마음이 이미 향기롭기 때문이다.

자신이 사귀고 싶은 사람들과 친하게 지낼 때 우리는 우정을 나눌 수 있다. 그리고 자신이 애정을 쏟고 싶은 이성과 아름다운 사이가 될 때 우리는 사랑에 빠질 수 있다. 또한, 자신이 하고 싶은 일을 하며 열정적으로 몰입할 때 우리는 천직을 가질 수 있다. 이처럼 인생은 자신과 잘 어울리는 자연스러운 대상과의 만남으로 이뤄져 있다.

친구와 깊은 우정을 나누려면 자신이 매일 새로워질 수 있어야 한다. 즉 언제나 괄목상대할 정도로 자신을 갈고닦아야 한다. 그리고 이성과 깊은 사랑을 나누려면 자신이 용기 있고 지혜로운 사람이 될 수 있어야 한다. 즉 영웅 체험에 뛰어들어 자신을 극복하고 돌아와야 한다. 또한, 천직에 깊게 몰입하려면 늘 호기심을 갖고 탐구하는 자세를 지닐 수 있어야 한다. 즉 이 시대의 인재로 불리는 창의적 인물로 자신을 끌어올려야 한다.

　사람들과 관계를 잘 맺는 법은 첫째로 자신의 매력을 잘 알고 있어야 한다. 사람들은 매력 있는 사람을 싫어하지 않는다. 오히려 열광하며 맞아들인다. 그런데 이 매력이란 것이 찾기 어려우면서도 쉽게 발견될 수 있다. 사람들은 보통 누군가를 닮기 원한다. 우리는 결핍된 것을 채우라는 교육을 받고 자랐기 때문이다. 나이가 마흔 정도 든 사람들은 이 사실을 이제 곧이곧대로 듣지 않는다. 왜냐하면, 그렇게 사는 것의 불편함과 왜곡을 알게 됐기 때문이다.

　둘째는 자신의 단점 또한 알고 있어야 한다는 것이다. 왜냐하면, 자신의 한계를 알고 있는 사람에게서 풍기는 절제의 미학이 있기 때문이다. 보통 우리는 무언가를 잘하고, 많이 성취한 사람들만 부러워하는 경향이 있는데 굳이 그럴 필요는 없다. 사람은 자신에게 주어진 지금 이 순간을 살아야 한다. 그러려면 잘났든 못났든 현재를 받아들여야 한다. 그리고 왜인지 모르겠는데 자신의 못난 점을 받아들이고 난 후가 아니면, 그 사람에게서 진짜 멋이 풍기지 않는다 한다. 그럼에도 불구하고 우리는 자신을 수용해야 한다. 이 받아들임의 자세가 그 사람을 섹시하게 만든다.

셋째는 그냥 있는 그대로 자신을 인정하자는 것이다. 사람은 변하지 않는 존재다. 내가 살면서 변화하는 사람을 잘 만나지를 못했다. 특히 사람은 나이가 들수록 더욱 변화되기 쉽지 않다. 그러므로 우리는 자신을 인정하고, 타인 또한 있는 그대로 받아들일 수 있어야 한다.

마지막은 내가 사회생활을 하며 알게 된 것인데, 우리는 그때 다양한 페르소나를 쓴다. 나를 좋아하는 부류의 사람은 어떤지, 그리고 나를 싫어하는 사람은 어떤지와 그 사람들과 균형 있는 관계 맺기를 하고 있는지를 살펴야 한다. 나의 경우에는 처절하게 실패했다. 이것은 나의 개성이 강했기 때문이고, 사람마다 자신의 캐릭터가 있을 것이고, 결국에는 자기완성이 중요하다.

5

세상과 소통되는 것

함께 있으면 즐거운 사람을 찾으려면 먼저 자신이 즐겁고 유쾌한 사람이어야 한다. 혼자서도 얼마든지 즐길 수 있는 일을 하는 것이다. 즐거운 것을 하면 마음속에 차곡차곡 기쁨이 쌓여 간다. 사람은 자기 마음을 표현하지 않고는 배기지 못하는 존재로 그 기쁨을 누군가에게 말하고 싶고 나누고 싶어진다. 그 기쁨을 나누고 싶은 사람이야말로 당신의 친구가 되어야 할 사람이다. 기쁨을 공감하는 것은 친구가 되는 길이다. 기쁨을 나누고 그 사람이 이성이라면 연인으로 만들면 되고 동성이라면 친구로 만들면 된다.

— 이와쓰키 겐지, 『이젠 기브 앤드 기브로 살아라』

이처럼 우리가 사는 인생에서 성공은 무언가를 이룩하는 것이 아니라 사람이나 세상과 소통이 되는 것이다. 나 자신과 화해하고, 친구와 즐거움을 나누고, 애인과 추억을 쌓고, 천직을 통해 세상에 공헌하면 충분하다. 이것 외에 나머지는 소유하면 좋은 것이지, 우리 인생에 꼭 필요불가결한 사항은 아니다.

나는 『언젠가 삶은 영화가 될 것이다』라는 영화 평론집을 알고 있다. 책의 내용도 좋지만, 나는 무엇보다 이 책의 제목이 무척 마음에 든다. 나는 약간 낭만주의적인 삶을 추구하는 듯하다. 그리고 나는 정호승 시인의 "냇가의 물고기도 가끔 잡으며, 산다는 것은 한바탕 꿈을 꾸는 일이므로."라는 시 구절을 좋아한다. 이 내용을 생각할 때 나는 덜 영악해지고, 더욱 단순하게 삶을 그린다는 것을 깨달았다.

존경했던 변화경영사상가 구본형 선생님이 언젠가부터 '시처럼 산다'라는 말씀을 자주 하셨다. 선생님은 시를 좋아하셨고, 그렇게 살고 싶어 하셨다. 시의 정신은 '거짓이 없음'이다. 가장 순수한 글쓰기가 시인 것 같다. 그렇게 선생님은 투명하고, 낭만적인 삶을 추구하셨다.

내가 선생님에게 가장 놀라는 점은 그분은 랄프 왈도 에머슨이 한 말인 '군중 속에서 살아가는 사람만이 아니라, 또는 혼자 고독 속에서 사는 것이 아니라, 군중 속에서 고독할 수 있는 사람이 좋다'는 것을 지켰기 때문이다. 그러니까 개성만으로는 부족하고, 인생을 함께 비추어줄 사람들 속에서 자신의 개성을 나누셨다.

  선생님은 생전에 소탈하다는 평가를 받았다. 따르는 사람들도 많았다. 어찌 그럴 수 있었을까를 생각하게 된다. 그것은 다름 아니라, 선생님 자신이 남을 먼저 세워주었기에 가능했을 것이다. 이것은 공자가 한 말인데 '남의 아름다움을 먼저 이루어준다.'라는 뜻이다. 성숙한 관계란 그렇게 내가 먼저가 아닌 남을 세워줄 때 가능하다. 그리고 신뢰란 남이 나에게 줄 수 있을 때 생기는 것이다.

  나는 마음이 좁은 사람이다. 그래서 많은 사람을 내 삶에 담지 못하는 부류의 사람이었다. 그런데 훌륭한 선생님의 삶에서 본을 보았기에, 나 또한 선생님처럼은 되지 못하겠지만 사람을 품는 사람이 되고 싶다. 또한, 나는 많이 내향적인 사람이다. 이것이 내가 사람을 내 마음에 담는 데 방해는 되지 않을 것이다. 왜냐하면, 나는 나의 기질에 맞는 방식으로 사람들과 교류하고 소통하면 되는 것이기에 그렇다.

  젊은 날 나는 열등감이 심해 오로지 나 자신의 계발과 성공에만 집착했다. 그렇다고 현재 내가 성취한 것은 아니다. 삶은 때가 있는 법이란 걸 알게 되었다. 나는 '자신만의 아름다운 꽃을 피울 것이다.'라는 말처럼 사람들 모두 꽃피는 시기가 있다는 것을 믿는다. 나의 인생 또한 그러하길 기대한다.

나는 사람들과의 관계를 항상 후 순위로 밀쳐 두는 사람이었다. 이제 나 또한 인생의 후반기를 살아가는 시점을 맞았다. '인생의 후반기는 전반기에 하지 못했거나 실수한 부분을 고칠 기회를 우리에게 주고 있다.'라는 대략적인 말을 기억한다. 나의 후반기도 더욱 균형이 잡힐 수 있는 방향으로 흘러갔으면 한다.

　나는 분주하게 사는 게 잘 맞지 않다는 것을 알게 되었다. 나는 내향적이고, 계획을 세우고 사는 성향이라 그럴 것 같다. 나는 서서히 삶을 음미하며, 그 속에서 삶의 가치를 생각하길 좋아한다. 하지만 나는 호기심 많고, 사람에게 끌리는 사람이다. 좋은 사람들과 함께 삶을 기획하기를 즐기기도 한다. 우리의 인생은 결국 어떤 사람과 함께 했느냐로 이야기될 것이다. 내 삶에 많은 사람이 함께 여울져 흘러 아름다운 인생이 되었으면 좋겠다.

12 Secrets of
Happy People

12

행복하게
살아가는 법

인생에 주어진 의무는 아무것도 없다.

그저 행복하라는 한 가지 뿐이다.

1

마음에서 욕심 덜어내기

행복을 언어적으로 이야기하자면 '홀가분한 상태'겠지요. 사람들은 모두 많은 짐을 지고, 이고, 들고, 메고 있거든요. 그 많은 짐을 내려놓은 상태에서는 손도 좀 맘대로 쓸 수 있고, 머리도 맘대로 돌릴 수 있고, 머리에 이고 있는 것이 떨어지지 않을까 염려하지 않아도 되게 되니 자유롭지요. 사람은 사람과의 관계를 통해서만 자기를 알 수 있어요. 그 관계 안에서 끊임없이 나를 돌아보는 것이 곧 성찰하는 것이죠. 자기 성찰은 정신을 집중하면 언제 어디서든 가능해요. 자기 성찰이 가능한 사람만이 행복할 수 있어요. 행복은 재력이나 학벌, 지위 같은 외적인 조건으로 얻을 수 있는 게 아니고, 자기 성찰을 할 수 있는 능력 여하에 달려 있어요.

– 정혜신 소장 인터뷰,
「행복이 가득한 집, 성공한 사람은 자기성찰을 한다」

우선 행복은 쉽다. 마음에서 욕심만 덜어내면 지금 당장 도달 가능한 지점이기도 하다. 그런데 보통 세상 사람들은 행복을 객관적으로 생각하는 듯하다. 모든 사람은 명문대와 대기업 그리고 좋은 배우자를 원한다. 물론 이것이 인지상정이지만, 행복은 주관적으로도 충분히 맛볼 수 있는 것이다.

다행인지 요즘 들어, 나는 일에 덜 집착하는 마음을 갖게 됐다. 그러니 마음이 편해졌다. 일상에 대한 의욕이 되살아나는 느낌도 든다. 그리고 아주 조금 나를 비우고 세상을 바라보는 열린 마음을 지니게 된 것 같다. 이 두 가지를 놓았을 뿐인데, 세상의 짐을 혼자 다 진 것처럼 힘들어하던 내가 이제는 조금 편안해졌다.

역시 세상은 우리의 마음을 투영하나 보다. 내 마음이 열리고 세상을 긍정적으로 받아들이게 되니, 역으로 세상도 나를 편하게 여기는 듯하다. 이것은 장기간의 심리상담이 가져오는 유익일 수도 있겠다. 난 지금의 편안한 마음을 지니기까지 12년이란 시간 동안 나를 돌아보고, 선생님에게 나를 내보이고 하는 심리치료의 기간을 가졌다. 내가 하고 싶은 이야기는 기간이 중요한 게 아니라, 마음을 치유하고자 열정을 쏟으면 삶이 보답을 준다는 것이다.

우리는 혼자서도 인생의 갈등과 스트레스를 해결하며 살아갈 수 있다. 그런데 내가 좋아하는 정신의학자 스캇 펙의 말에 의해서도 그 길은 힘들고, 해결까지 더 많은 시간이 소요된다고 한다. 간단히 생각해 봐도, 지름길 혹은 가야 할 길을 잘 알고 있는 코치와 같은 실력 있는 전문가가 있는데, 그 사람을 놔두고 혼자서 처음 가보는 길을 걷는다는 건 어리석을 수 있다.

나의 경우에는 12년이란 장기간의 심리상담 효과 덕분에 삶이 가벼워지기 시작한다고 하더라도, 그렇다면 많은 한국인은 어떻게 그들의 인생이 행복해질 수 있을까? 사회는 더 복잡해지고, 건강하고 상식적으로 살기 더 어렵게 되고 있지 않은가? 지금까지의 한국의 모습을 보자면 그렇다는 것이다.

내가 말할 수 있는 것은 마음을 비우는 동시에 세상을 향해 문을 여니까, 나의 고통은 멈추기 시작했고 반면에 행복도는 높아졌다는 것이다. 이런 마음은 짧은 시간에 해결되는 문제는 아닌 듯하다. 결국, 이것은 마음의 여유와 같은 말인데, 한국 사회가 사람들에게 마음의 여유를 지닐 수 있게 해 주는 곳이 되면 사람들이 좀 더 행복하게 살아갈 수 있을 것 같다.

내 마음이 이렇게 가볍고 홀가분하게 되기까지는 법정 스님의 글이 많은 도움을 주었다. 난 항상 책가방에 그분의 책을 넣고 다녔고, 틈이 날 때마다 꺼내서 읽었다. 스님의 글은 내 마음에서 욕심을 많이 내려놓게 해주었다.

세상은 우리의 필요에 의해서는 충분한데, 우리의 탐욕에 의해서는 항상 부족하다. 그러니 넉넉할 수 있으면 항상 만족스럽다. 그러니까 우리는 적은 것으로 만족할 줄 알아야 한다. 지금은 물질적으로 모든 게 넘쳐나는 세상이다. 누구나 마음만 먹으면 최소한 마음은 행복해질 수 있다. 문제는 우리의 갈증 상태다.

　그리고 사람은 자신의 분수를 생각하고 살 줄 알아야 한다. 남이 그만큼 가졌다고 해서 나 또한 그러할 필요는 없다. 모두 자기 몫이 있는 것이다. 예로부터 인생을 제대로 살아온 사람들은 그만큼 스스로 절제할 줄 알았던 것이다.

2

환경의 영향 덜 받기

"제비꽃은 제비꽃답게 피면 그만이지. 제비꽃이 핌으로써 봄의 들녘에 어떤 영향을 끼칠 것인가. 그건 제비꽃으로선 알 바가 아니라네." 한 인간의 생애는 유일한 것이고 존엄한 것이다. 그렇기 때문에 시시하게 살아버릴 수가, 아무렇게나 죽어버릴 수가 없다. 산다는 것은 자기 연소와 같은 것이다. 내 자신이 훨훨 타서 재가 되는 것이다. 그러므로 제비꽃은 제비꽃답게 피면 되는 것이다. 그것은 제비꽃의 일이기 때문이다. 만일 제비꽃이 제비꽃답게 피지 못하고 개나리처럼 핀다거나 또는 벚꽃처럼 피려고 한다면 이건 이변이 아니라 봄의 비극이다.

– 법정 스님, 『서 있는 사람들』

생각보다 우리는 환경의 영향을 많이 받는다. 어려서는 가정의 문화를 익히고, 부모님의 양육 방식에 따라 성장한다. 첫 단추를 잘 끼워야 한다는 말이 있다. 행복한 삶은 여기서부터 시작되는 것 같다.

자존감이 높은 부모는 자녀를 일찍부터 독립시키고 주도권을 내준다. 이런 아이들은 어려서부터 혼자서 선택하고 결정하는 법을 배우고, 자기 삶을 능동적으로 개척한다. 보통 이런 경험을 일찍부터 한 사람들이 사회에서 성공하는 것은 둘째 치고라도 행복하게 살아가는 것 같다.

그럼, 여기서 행복이란 것이 무엇인지 알아보자. 변화경영사상가 구본형 선생님은 마음이 세심해 주변의 둘레에서 일어나는 일을 잘 느낄 수 있을 때 우리가 행복할 수 있다 했다. 그리고 자신에 관한 정체성을 잘 파악할 수 있을 때 역시 그러할 수 있다고 했다.

어느 여든 살 된 할머니가 쓴 행복에 관한 쪽지에는 이런 내용이 실려 있었다. 인생을 다시 살 수 있다면, 다음번에는 더 많은 실수를 하고, 실패를 하리라. 삶을 너무 완벽한 태도로 살려고 하지 않을 것이다. 콩 요리는 덜 먹고, 아이스크림은 원 없이 먹으리라. 이른 봄부터 맨발로 자연 속에서 즐겁게 뛰어놀 것이다. 인생에 심각한 일이 실제로 많겠는가. 다음에는 더 어리석게 살고 싶다.

위 할머니의 이야기에서 보듯이 행복은 우리가 무엇을 이루면 도달하는 것이 아닌 듯하다. 마음의 여유를 지니고 지금 이 순간을 보다 풍성하게 살아가는 것이다. 그리고 아마도 주변과 시류에 신경을 덜 쓰고 인생을 살아가는 것이 더욱 행복한 삶이 된다.

신화학자 조셉 캠벨은 말한다. 걷다가 길이 나 있는 곳을 발견하면 그 길은 그대의 길이 아니다. 숲속으로 들어갈 때 남들이 간 길이 아닌, 길이 없는 쪽을 그대가 개척하면서 걸어가라. 또한, 당신이 넘어진 그 자리에 당신의 보물이 숨겨져 있다고 했다.

이 말들의 의미는 삶에 임함에 있어 겁먹지 말라는 것이다. 삶의 문턱 그러니까 웅덩이는 생각보다 크지 않다. 용기를 갖고 뛰어넘어라. 그렇다. 우리에게 절대적으로 부족한 것은 용기 그 자체였던 셈이다. 우리는 삶에서 자신의 목소리를 생생히 들을 필요가 있는 것이다.

우리가 가정에서 어려서 양육되고, 학교에서 교육받고, 사회에서 돈을 벌면서 익히게 된 습관들과 경험이 우리를 길러주고 성장시켜주었다. 그 과정에서 우리는 인내를 배우고, 용기를 익히게 되었다. 이것은 맹자가 말하는 호연지기와 비슷하다.

이 모든 삶의 과정에서 우리가 결국, 배우게 되는 것은 유쾌하고 넓은 마음이다. 우리는 어려서 그렇게 태어났다. 다만, 살아오면서 우리 마음에 때가 끼고, 오염된 것이다. 그것을 닦아 맑게 하면, 우리 생이 다시 빛나게 된다.

나는 한 번의 우울이라는 강을 건너오지 않은 사람의 밝음을 좋아하지 않는다. 이것은 시인 정호승 선생님의 시에도 나오는 내용이다. 나는 눈물이 없는 사람을 사랑하지 않는다. 나는 그늘이 없는 사람을 사랑하지 않는다. 왜냐하면, 그 어두운 체험이 자신을 돌아보게 하고, 타인을 이해하고 사랑하게 하기 때문이다.

3

제때 그것을 하며 살기

옷 한 벌에 이렇게 흥분한 적, 있던가. 처음이다. 그렇다면 절약한 백만 원을 향후 두 달간 숙소와 식량에, 합리적으로, 소비한다면, 그럼 지금 당장의 이 환희는, 고스란히, 보상받을 수 있는 건가. 그러게. 그럴 순 있는 건가. 이 대목서, 주춤했다. 처음 가져본 유의 의문이었다. 지금, 바로, 이 순간의 고유한 기쁨은, 이 순간이 지나면, 같은 형태와 정도로, 다시는, 돌아올 수 없는 거 아닌가. 누릴 수 있을 때, 그 맥시멈을, 누려야 하는 거 아닐까. 불안한 미래는 아직 닥치지 않았으니 내가 맞서면 되는 거 아닌가. 그러게. 맞다. 그래서, 벌떡 일어나, 샀다. 식량은, 로마 숙소삐끼와 부다페스트 암달러상으로 해결했다. 역시 그 양복 입고서.

― 김어준,
「한겨레 ESC 그까이꺼 아나토미, 세계관을 다시 한번 확인하시라」

인생은 제때 그것을 하며 사는 삶이 행복한 것 같다. 이것이 무슨 말인지 보자. 사람들은 말하길 같은 강물에는 발을 두 번 담글 수 없다 한다. 인생은 한 번이고, 지금이 흘러가면 다시는 돌이킬 수 없다.

내가 좋아하는 딴지총수 김어준 씨는 젊어서부터 이것을 잘 이해한 듯하다. 그가 유럽 배낭여행을 떠나 파리의 대로변을 걷는데 우연히 양복점의 양복이 눈에 꽂혔다. 들어가서 냅다 입어보니 잘 어울렸는데, 가격이 자신이 앞으로 여행해야 하는 총금액과 같을 정도로 비쌌다 한다.

그런데 그는 5분 동안 고민하고 그 양복을 샀다. 왜냐하면, 두 번 다시 지금과 같은 행복감을 느낄 수 없고, 남은 2달 일정은 자신이 대처하면 된다고 생각했다. 바로 이런 자세가 행복을 놓치지 않고 살아갈 수 있는 비결이다. 물론 모든 사람이 그렇게 결정해야 한다는 것은 아니다. 핵심은 지금 이 순간의 행복을 놓치지 말자는 것이다.

이제 내 이야기를 조금 해야겠다. 난 20대에 잠깐 행복한 적이 있었던 것 같고, 30대 10년이 온통 잿빛으로 가득할 만큼 불행했다. 대학때는 자유스러운 공기를 맛볼 수 있어 사는 게 즐거웠다. 그런데 금세 방황은 시작되고, 난 꽤 오랫동안 혼돈스러운 삶을 살아갈 수밖에 없게 되었다. 그게 얼마 전까지 내 삶의 이야기였다.

그런데 좋은 심리상담가 선생님께 심리상담을 12년 동안 장기간 받아서 그런지, 아니면 내 마음속에 조금 여유가 생겨서 그런지 몰라도 요즘은 조금 행복감을 느끼는 것 같다. 마음이 가벼워지고 공허와 무의미도 거의 느끼지 않는다.

나는 30살에 심리상담을 시작했다. 고등학생 때부터 증상이 있었는데, 부모님이 그걸 잘 모르셨다. 대학 때는 심해져 대인기피와 사회공포증이 나타났다. 그 후에는 더 안 좋아져 성격장애로까지 발전이 되었다.

정신의학자 스캇 펙은 심리치료는 일찍 시작하면 그 효과가 더 좋다고 한다. 사람은 살아온 시간만큼 심리상담을 받아야 한다는 말이 있다. 또 심리치료는 생각보다 오랜 시간이 걸리며, 장기간 받으면 더 좋다.

우리 속담에도 호미로 막을 것을 가래로 막는다는 말이 있다. 그리고 '제때의 한 바늘이 나중에 아홉 바늘을 던다.'라는 문장도 있다. 그만큼 삶은 제때 해야 할 것을 하며 지나가는 것이 중요하고, 더 요구된다.

나는 다행히 장기간의 심리상담을 받고 있는 덕분에 증상이 완화되고 있다. 한때는 성격이 고착되었는데 그게 점점 좋아진다. 이제 신경증 상태이고, 더 가벼워질 것이다. 지금은 강박증으로 좀 고생하고 있다.

많은 철학자가 말한다. 인생은 짧다고. 그리고 금방 죽는다고 이야기한다. 나도 이 말에 동의한다. 인생은 돌아보면 찰나의 순간처럼 느껴지기도 한다. 불교에서도 지금 이 순간을 강조한다. 지금 여기에 모든 것이 있다.

특히 젊은이들은 제 때에 맞게 먼저 가치 있는 일을 하면 좋다. 많은 청춘이 삶의 방황으로 힘들어한다. 그때 경륜이 쌓인 철학적 인문학자는 인생의 의미를 돌아보게 했다. 길게 보아 인생은 살만한 것이 맞다.

4

분노와 화해 그리고 용서

내 경우를 예로 든다면, 불교 승려인 나는 불교를 믿을 뿐만 아니라 스스로의 경험을 통해서도 불교의 수행이 내게 큰 도움이 된다고 여기고 있습니다. 하지만 수많은 전생을 살면서 얻은 습관 때문에 분노와 집착 같은 감정이 생기기도 합니다. 난 그와 같은 감정이 생길 때마다 이렇게 대처하곤 합니다. 먼저 열심히 수행할 것을 굳게 결심하고 그 결심을 실천에 옮기려고 노력합니다. 처음엔 수행이 매우 힘들고, 따라서 부정적인 영향력이 강하게 남아 있겠지요. 하지만 수행이 오랫동안 계속되면, 마침내 부정적인 행동들은 저절로 줄어듭니다.

— 달라이 라마, 『달라이 라마의 행복론』

내가 불행에서 놓여날 수 있었던 것은 오랫동안 질질 끌고 온 분노의 감정과 화해하고, 세상과 사람들을 용서하면서부터인 것 같다. 이때부터 삶에 집착을 덜 하게 되고, 인생을 있는 그대로 받아들일 마음의 여유가 생겼다.

인생을 조금 덜 불안해하고, 세상에 대해 경계를 덜 하게 되고, 사람을 조금씩 믿게 되는 것 같다. 그러니까 홀로 외떨어져 세상으로부터 거리를 두며 살아가려 했는데, 조금씩 불신이 없어지면서 내 마음 안에 따뜻함이 깃들게 되면서 그렇게 되었다.

나는 시인 정호승 선생님을 좋아한다. 내가 가장 좋아하는 시인이기에 시 하면 내 머릿속에 가장 먼저 생각난다. 정호승 시인의 어머니가 아흔다섯 살에 시인에게 이런 이야기를 하셨다. '시는 슬플 때 쓰는 거다' 언제나 인생의 진실은 어린아이 혹은 노인의 입에서 나오기 마련이다. 어머니의 말씀은 정확했다.

정호승 시인이 위와 같은 소감을 단 시집 『나는 희망을 거절한다』는 온통 시로 넘쳐났기 때문이다. 시인의 시집 중 내가 가장 좋아하는 시집이기도 하다. 정호승 시인은 고뇌하는 사람이고, 슬퍼하는 자유인이고, 사랑하라고 외치는 낭만주의자이다. 그런 그의 시집을 읽으면 함께 아파하게 되고, 용서하고 치유하게 되며, 좀 더 세상을 사랑하고 싶어진다.

또한, 그의 시를 읽으면 내 마음이 교만에 가득 찼음을 느끼고, 세상에 닳아 탁해졌음이 보인다. 우리가 시를 읽으면 좋은 이유가 원래 깨끗하게 태어났던 어린 시절의 맑은 마음과 만날 수 있기 때문이다.

오늘도 세상은 우리를 옥죄고, 자기만 알게 하고, 상처를 준다. 그 속에서 살아가다 보면 우리는 때로 괴물이 된다. 그때 시를 읽자. 나도 거의 시집을 읽지 않지만, 가끔 읽어보니 삶이 그렇게 복잡하게 이뤄져 있는 게 아니라는 걸 느끼게 된다.

정호승 시인의 시를 한 구절 읊자. "냇가에서 물고기도 가끔 잡으며, 돈은 좀 못 벌어도 좋아. 산다는 것은 한바탕 꿈을 꾸는 일이므로." 그렇다. 시는 우리가 일상에서 지친 마음을 가볍게 해주고, 본질을 깨우친다. 삶은 그렇게 욕심을 갖고 살 필요가 없음을 알려준다.

모든 직업에는 직업병이 따르고 단점도 있는 것 같다. 가장 잘 사는 직업인이 아는 것과 행동하는 게 일치하는 것이다. 모든 시인이 그렇지는 않겠지만 정호승 시인은 고뇌하고, 상처받고 그러나 그 속에서 치유되고, 기뻐하는 사람이기도 하다. 인생의 진실을 토해내지 않을 수 없는 게 시인의 숙명이다.

분노는 심리학에서 중요하게 다루는 영역이다. 그리고 용서는 종교에서 많이 이야기하는 내용이다. 우리가 분노하는 이유는 어려서 주된 양육자로부터 안정 애착을 받고 자라지 못했기 때문일 수도 있고, 가정환경이 권위적인 분위기여서 그럴 가능성도 있다.

　또한, 종교에서는 용서를 중시한다. 정신의학자 스캇 펙은 신실한 기독교 신자이기도 한데, 그는 우리가 결국 용서하지 못하면 우리의 영혼이 성장을 멈추고 오그라들기 시작한다고 했다. 내 경험에 의해서도 우리가 용서를 할 때 세상과 화해가 이뤄지고, 마음에 평화와 행복이 찾아오는 것 같다.

5

지나침은 모자람만 못하다

　"자공이 공자에게 물었다. 제자 중에 자장과 자하가 있는데 어느 쪽이 더 어질고 낫습니까?"라고 물었다. 그러자 스승인 공자가 대답하기를 "자장은 지나치고 자하는 미치지 못한다."라고 했다. 그러자 자공이 다시 공자에게 물었다. "그럼 자장이 더 낫다는 말씀입니까?" 하니 공자가 대답하기를 "아니다. 지나친 것은 미치지 못한 것과 다를 바가 없다."라고 했다. 지나친 것이나, 미치지 못하는 것이나 모두 중용의 덕에 어긋난다. 중용의 덕을 최고로 치는 공자의 가르침이 과유불급이라는 이 말 한마디에 잘 나타나 있다.

– 이우재, 『이우재의 논어 읽기』

아직 나는 많이 밝고, 열린 마음을 지니지는 못했다. 그런데 포기하지 않고 조금씩 노력하고 있다. 그리고 지나침은 모자람만 못하다고 했는데, 항상 오버하려는 마음도 조화를 이루고 있는 듯하다. 그래서 마음이 차분해질 수 있게 되었다. 이것이 내 마음이 조금씩 행복해지는 이유가 될 것 같다.

그러니까 행복은 외적인 성취보다는 마음의 작용이라는 것이다. 물론 성과를 많이 이루면 행복해진다. 그런데 사람은 만족을 모르는 동물이고, 계속 더 많은 것을 바라게 된다. 그래서 현명한 사람들은 적절한 때에 멈출 줄 안다. 그리고 그런 자신에게 만족할 때 우리는 더욱 행복해질 수 있다.

세상에는 얻는 것이 있으면 반드시 잃는 것도 있다고 했다. 무엇을 선택할 것이냐는 스스로 가치관에 달려 있다. 이때 필요한 것이 자기의 철학이다. 인생은 선택의 연속인 것 같다. 어떤 생각을 하며 살고 있느냐에 따라 삶의 길이 달라진다.

요즘 내가 자주 했던 고민은 이런 것이었다. "얻는 것이 있으면 잃는 것도 있다."라는 법정 스님의 글을 읽고, 내가 요즘 과연 무엇을 잃고 있는지를 생각해보지 않을 수 없었다. 난 걱정이 많은 사람이라, 얻는 것보다는 잃는 것에 더 초점을 두게 되는 것 같다.

첫째는 어제 단상 글을 많이 썼다는 것이다. 그리고 온라인 커뮤니티에 많이 올렸다. 글을 많이 습작한 보람은 차치하고라도 걱정되는 것은 내가 너무 충동적이고, 말을 많이 쏟아낸 것이 아닌가 하는 마음이었다. 사람이 살아가다 보면 성급할 때가 있다.

어제는 딱히 할 것도 없어서 글쓰기에 중독된 사람처럼 많은 글을 써 올렸다. 말이 많으면 실속이 없고, 실언도 하게 돼 있다고 했다. 무엇보다 정신이 맑은 사람은 침묵을 소중히 여긴다. 적당히 말하고, 경청하는 자세가 나에게 요구되는 것 같다.

둘째는 요즘 나는 예전에 비해 훨씬 마음이 편안하고 행복해졌는데, 맑은 정신을 잃어가지 않느냐는 걱정을 했다. 법정 스님이 횡재에는 횡액이 따른다고 말씀해주셨다. 그러면서 세상에는 공것이 있는 것 같지만, 모두 스스로 지어 받는 것이라 하시면서 공것을 바라지 말라고 하셨다.

이것은 교만한 마음을 다스리라는 말과 다르지 않다. 즉 행복할 때는 더욱 겸손함을 갖추라는 의미다. 우리는 쉽게 들뜨는 마음을 갖기 쉽다. 이러할 때일수록 삶을 균형 있게 바라볼 필요가 있다.

세상을 조화롭게 사는 것은 좋은 일이다. 물론 때로는 넘칠 때도 있고, 다시 균형을 맞춰 지나침을 조절할 수도 있다. 그러나 넘치는 것은 모자람만 못하다 했다. 성미가 급한 나는 이것을 귀 기울여 들어야겠다.

마음이 넉넉하면 세상일에 각박하지 않고, 구하는 바 있으면 세상이 궁하다. 이것은 불교에서 말하는 마음의 여유에 관한 말이다. 인간의 욕심은 만족을 모른다. 그래서 우리는 불필요한 것에서 벗어날 필요가 있다. 우리는 열중하다 보면 곧잘 지나치게 된다. 그때 공자가 말한 중용, 그러니까 마음 떨림의 균형점을 찾아가게 된다.

현재가 불행하다 여기지만,

지금을 딛고 일어서려고 하는 사람들에게

필요한 것은 이제 행복해지는 것이다.

"진정으로 행복한 삶을 찾고자 한다면"

저자인 내가 이 책의 독자들에게 전할 수 있는 메시지는 위의 한 문장이다. 그렇다. 이 책은 우리가 왜 일상에서 매일 좌절을 겪어야 하고, 실패해야 하는지 이야기한다. 그리고 그때 그들이 느끼는 마음을 어루만져 준다.

우리는 실수할 수 있는 존재이고, 오히려 그렇기에 더욱 인간적이다. 나는 이 책에서 우리가 행복을 찾아갈 수 있는 비결을 열거해 놓았다. 행복을 이야기하는 책은 많다. 나 또한, 살아오며 마음이 답답할 때마다 그런 책을 자주 펼쳐 읽었다.

난 이 책을 통해 내 삶의 비전인 '건강한 삶'을 사람들과 나누려 했다. 우리가 태어나 살아가는 이유는 행복하려고 해서다. 그리고 건강한 마음으로 인생에 임할 때, 우리가 행복해질 가능성은 더욱 크다고 생각한다.

'행복'을 주제로 책을 쓴 나는, 이 주제의 책을 쓸 자격이 있을까? 대답은 '아니오'와 '그렇다' 모두이다. 먼저 '아니오'라고 답하는 이유는 그동안 내 삶은 행복과는 거리가 매우 멀었기 때문이다. 오히려 내 삶은 불행과 친근했다. 그런데 요즘 세상과 사람들에게 마음이 열리면서, 내 마음은 행복해지고 있다.

그리고 '그렇다'고 답하는 큰 이유는 '불행한 사람들만이 행복을 추구'하기 때문이다. 즉 행복은 삶에 만족하는 사람의 주제가 아니다. 스스로 불행하기에 우리는 그 마음을 극복하고, 깨어나기 위해 행복한 삶을 탐색한다. 그러니까 이 책은 현재가 불행하다 여기지만, 지금을 딛고 일어서려고 하는 사람들에게 더욱 유익할 것이다.